图书馆数字资源版权管理实践与案例

吕淑萍　邱奉捷　张若冰
韩新月　肖珂诗　申庆月　著

國家圖書館出版社

图书在版编目（CIP）数据

图书馆数字资源版权管理实践与案例/吕淑萍等著. —北京:国家图书馆出版社,2013.8

ISBN 978－7－5013－5129－9

Ⅰ.①图…　Ⅱ.①吕…　Ⅲ.①数字图书馆—版权—案例　Ⅳ.①D913.05

中国版本图书馆 CIP 数据核字(2013)第 138694 号

责任编辑：高爽

书名　图书馆数字资源版权管理实践与案例

著者　吕淑萍　邱奉捷　张若冰　韩新月　肖珂诗　申庆月　著

出版　国家图书馆出版社(100034 北京市西城区文津街 7 号)
(原北京图书馆出版社)

发行　010－66114536　66126153　66151313　66175620
66121706(传真),66126156(门市部)

E－mail　btsfxb@ nlc. gov. cn(邮购)

Website　www. nlcpress. com→投稿中心

经销　新华书店

印刷　北京科信印刷有限公司

开本　880×1230(毫米)　1/32

印张　5.75

版次　2013 年 8 月第 1 版　2013 年 8 月第 1 次印刷

字数　160 千字

书号　ISBN 978－7－5013－5129－9

定价　38.00 元

序

国际图联在《IFLA 关于数字时代版权的立场》中指出，图书馆重要的职责之一即满足用户获得版权作品及其中所包含的信息与知识之需要，同时要尊重作者和版权持有者合理的经济回报的权利。保障信息的有效获取，是版权目的能否最终实现的关键环节。[①] 随着信息化和网络化的迅速发展，公众期望图书馆提供数字文化资源的需求日益增长，图书馆为此开展大规模的数字资源建设与服务。在图书馆数字资源开发与利用的过程中，如何正确认识、合理解决版权问题，在现有法律框架下实现多赢的版权解决模式，成为图书馆近年来研究的热点和迫切需要解决的实践问题。

数字图书馆的建设与服务过程中，版权管理实践性很强，美国、英国等国家，以及欧盟各成员国的图书馆界对于这一问题做了很多务实、有效的工作。在行业指导方面，国际图联（IFLA）、图书馆电子信息联盟（eIFL）、美国图书馆协会（ALA）、美国图书馆著作权联盟（LCA）、加拿大图书馆协会（CLA）等均针对图书馆版权问题发布相关声明、研究报告及指南，为图书馆版权管理实践工作提供了较为细致和具体的操作建议。在制度方面，英国国家图书馆、美国国会图书馆等在近年来都有专门的版权方面的业务规划，为图书馆的版权管理提供了政策支持；为了规避版权风险，有效地进行版权管理，国外一些图书馆专门设置"版权图书馆员"（copyright librarian）岗位来管理版权事务，如美国密歇根州立大学图书馆、亚利桑那大学图书馆、犹他大学图书馆、加州大学洛杉矶分校图书馆，加拿大昆特兰理工大学图书馆，澳大利亚新南威尔士州立图书

① IFLA position on copyright in the digital environment[EB/OL]. [2013-05-27]. http://archive.ifla.org/V/press/copydig.htm.

馆等。在版权解决模式方面,除了开发公有领域资源、充分利用合理使用与法定许可规定外,还采取多种方式获取著作权授权,探索多样化的版权解决方案。如“欧洲数字图书馆”(Europeana)项目主要通过由欧盟各成员国的文化机构贡献数字资源的方式,并积极推动绝版图书和孤儿作品的数字化与在线获取;1996 年,美国国会图书馆与美国科技公司合作开展了为期三年的“国家数字图书馆竞赛”项目,以统一标准、分工协作方式,帮助全国各地图书馆、博物馆、档案馆及历史学会等文化机构将其特色资源数字化并提供服务;法国国家数字图书馆项目(Gallica)与公共机构和商业机构合作,解决尚在版权保护期内的作品的版权问题;挪威国家图书馆“数字书架”(Bvokhylla. no)与权利人和著作权集体管理组织签署协议,将版权保护期内文献以数字形式提供网上服务。

在我国,理论方面,近年来有很多围绕数字图书馆版权保护的学术探讨,对图书馆版权管理工作的开展具有重要的借鉴意义。2010 年,中国图书馆学会年会上发布的《数字图书馆资源建设和服务中的知识产权保护政策指南》,对于开展数字图书馆资源建设和服务工作、妥善解决版权问题具有切实的指导意义。实践方面,2005 年,中国国家图书馆开始设立知识产权管理岗位,在“数字图书馆建设与服务中重视版权管理的重要作用,积极探索知识产权解决方案,安排专项资金解决版权问题,与权利人、出版社、社会机构等合作,获取其授权许可;CADAL 在网络传播对象与范围、副本利用期限等方面采取严格管控措施,加强版权风险防范,并积极探索向著作权集体管理组织获取授权、与权利人批量和解、集团许可使用、联合购买等方式获得海量作品授权。但总体来说,我国图书馆版权管理尚不完善,迫切需要相关的实证分析和可操作性强的实践建议。

《图书馆数字资源版权管理实践与案例》一书围绕图书馆数字资源建设与服务,对数字资源采访、文献数字化、网络资源采集、网站建设等建设方式中存在的版权问题,以及外购及自建数字资源服务、虚拟参考咨询和文献传递服务、在线展览和在线讲座服务、网络资源导航和转载、弱势群体服务、多媒体服务等数字资源服务中的版权风险进行了分析与总结，并在案例解析的基础上给出了版权风险防范的建议。同时，从宏观的版权战略规划制定与实施、利用法律法规与政策支持、获取著作权授权、应用版权管理技术，以及制定版权管理制度等方面提出具体的操作建议。

参与该书编写的都是来自于国家图书馆业务部门的图书馆专业人员，从事数字资源建设与版权管理工作，具有丰富的实践经验和研究能力。因此，与国内其他类似研究相比，该书的最大特点与创新之处在于能够从图书馆实际业务工作出发，在严格遵循现有版权法律框架的前提下，探讨数字资源建设与服务中版权问题的解决方案，具有较强的针对性和实践性。书中引用了大量图书馆版权管理的相关案例及有关司法判例，在翔实的资料基础上进行系统深入的分析，对于图书馆在数字资源建设与服务中更好地避免侵权风险和维护自身合法权益具有重要的借鉴意义和较高的实用价值。

肖希明

2013 年 5 月 8 日

目　　录

1　图书馆数字资源版权管理的背景与意义

1.1　版权的涵义

1.1.1　版权的定义

版权是对作者(作家、音乐家、艺术家和其他创作者)的作品给予保护。[①] 根据世界知识产权组织(WIPO)的定义:"版权是法律词汇,它表示赋予创作人的文学和艺术作品的权利。"文学和艺术作品包括书籍、诗歌、小册子和其他的书面作品、音乐作品、电影作品、图书、绘画、雕刻、摄影作品、图表、地图和戏剧作品等。[②]

版权,亦称为著作权。但从词义上讲,两者有所区别。版权的英文是"copyright",是指复制的权利,即阻止他人进行复制的权利,主要是以英国和美国为代表的英美法或普通法系国家使用。而英文里的"版权"在法语中的翻译是"droit d´auteur",译为英语是"author's right",是指著者的权利,即我们常说的"著作权",主要是以德国和法国为代表的大陆法系国家使用。有学者认为,英美法之所以保护一项作品,是出于对复制的不良结果的考虑;大陆法在形式上更倾向于保护作者,认为他有控制和利用他的智力成果的道义上的权利。这两种称谓在一定程度上反映了西方世界在立法上的不同取向,尽管这种取向在今天已日渐趋同。[③] 我国《著作权法》第五十七条也明确指出:"本法所称的著作权即版权。"

---

① 联合国教科文组织. 版权法导论[M]. 北京:知识产权出版社,2009:3.

② Li Yahong. international and comparative intellectual property: law, policy and practice(bilingual edition)[M]. Hong Kong:LexisNexis HK,2005:197.

③ 刘春田. 知识产权法(第三版)[M]. 北京:高等教育出版社,2007:35 -36.

1.1.2 版权法的沿革

版权的源起与15世纪欧洲印刷术(谷登堡印刷机)的发明紧密相连。然而历史表明,远在古希腊和罗马时代,剽窃就被认为是不诚实而广受谴责的。① 随着欧洲印刷术的兴起,作品的传播方式和途径有了极大的改变。16世纪,英国王室以及星座法院用许可证控制印刷商传播不同政见言论。17世纪,随着英国代议制度取代专制君主制度,书商和印刷者开始力促对版权的某种保护,并涉及了知识产权理论。1710年4月10日,闻名至今的《安娜女王法》获得通过。② 其中,这部法令所确立的两项原则是革命性的:①承认作者本人是著作权保护的本源;②对已出版的著作之著作权采取有期限的保护。该法令规定:对已出版的作品的著作权设定期限为14年。期限届满,即丧失著作权并可任由他人自由使用该作品。这是世界上第一部现代意义的版权法,第一次明确了作者的个人权利应受保护。18世纪末,法国大革命爆发,1791年和1793年颁布的法令特别规定了"文学财产"的概念,继而随着"公有领域"概念的引入,建立了现代版权的两项基本原则。与此同时,美国效仿英国的《安娜女王法》,制定了以财产权为中心的《联邦著作权法》。

我国版权立法始于1910年《大清著作权律》,这也是我国历史上第一部现代意义上的版权法。《大清著作权律》既保护著作人身权,也保护著作财产权;保护对象为文艺、图画、帖本、照片、雕刻、模型;著作权内容限于对著作的专有重制之利益;实行著作物经民政部注册纳费及交纳样本才给予保护的原则。③ 由于清朝的快速覆灭,该法并未真正实施。其后,北洋政府和国民政府也分别于1915年和1928年相继制定颁布过版权法。

---

① 联合国教科文组织. 版权法导论[M]. 北京:知识产权出版社,2009:9.

② 联合国教科文组织. 版权法导论[M]. 北京:知识产权出版社,2009:9-11.

③ 刘春田. 知识产权法(第三版)[M]. 北京:高等教育出版社,2007:42-43.

新中国成立后，在 1950 年全国第一次出版工作会议通过的《关于改进和发展出版工作的决议》中指出："出版业应尊重著作权及出版权，不得有翻版、抄袭、篡改等行为。"1986 年 4 月通过的《中华人民共和国民法通则》首次明确了公民、法人的著作权受法律保护，奠定了我国版权立法的坚实基础。1990 年 9 月 7 日，第七届全国人民代表大会常务委员会第十五次会议通过了新中国第一部版权法律——《中华人民共和国著作权法》(2001 年第一次修订，2010 年第二次修订，以下简称《著作权法》)，其后又相继制定颁布了《中华人民共和国著作权法实施条例》(2002 年，2013 年修正，以下简称《著作权法实施条例》)、《计算机软件保护条例》(2002 年，2013 年修订)、《著作权集体管理条例》(2005 年)、《互联网著作权行政保护办法》(2005 年)、《中华人民共和国信息网络传播权保护条例》(2006 年，2013 年修正，以下简称《信息网络传播权保护条例》)等一系列相关法律法规，形成了比较完备的版权制度。在不断建设版权保护制度的同时，我国也十分注重国际交流与合作，在《著作权法》实施第二年，即 1992 年，我国加入了《保护文学和艺术作品伯尔尼公约》(以下简称《伯尔尼公约》)和《世界版权公约》。随着我国社会经济的高速发展、文化生活的日益丰富，版权制度也需要随之不断深化和完善。2012 年，我国启动了针对《著作权法》的第三次全面修订工作，并面向全社会各界人士广泛征集修改意见和建议。我国版权相关法律法规、制度及加入的国际条约目录详见本书附录。

1.1.3 与图书馆相关的版权概念

(1)版权的客体

图书馆数字资源的建设和服务离不开作品，而作品正是著作权的客体，即著作权的保护对象。作品是各国著作权法所保护的对象，它一般是指通过语言文字、符号等形式来反映作者的思想情感或对客观世界认识的智力创造成果。① 我国《著作权法实施条例》中对作品的定义是,“文学、艺术和科学领域内具有独创性并能以某种有形形式复制的智力创造成果”。

从现今大部分国家的法律规定来看,一般作品类型包括:文字作品、口述作品、音乐作品、戏剧作品、舞蹈作品、美术作品、摄影作品及使用类似摄影的技术完成的作品、电影作品或以类似摄制电影方式制作的作品、工程设计、产品流程图纸及说明、地图、示意图等图形作品、实用美术作品等。

在我国,根据《著作权法》第三条规定,作品的范围包括:“(一)文字作品;(二)口述作品;(三)音乐、戏剧、曲艺、舞蹈、杂技艺术作品;(四)美术、建筑作品;(五)摄影作品;(六)电影作品和以类似摄制电影的方法创作的作品;(七)工程设计图、产品设计图、地图、示意图等图形作品和模型作品;(八)计算机软件;(九)法律、行政法规规定的其他作品。”另外,《著作权法实施条例》第四条详细规定了各类作品的含义,为实践判断提供了具体指导。

(2)版权的主体

版权的主体是作者。根据我国《著作权法》第十一条规定,“创作作品的公民是作者。由法人或者其他组织主持,代表法人或者其他组织意志创作,并由法人或者其他组织承担责任的作品,法人或者其他组织视为作者。如无相反证明,在作品上署名的公民、法人或者其他组织为作者。”在法律上,版权的主体包括自然人、法人和其他社会组织。有学者认为,版权的主体可分为原始主体和继受主体。所谓原始主体,是指首先对作品享有权利的主体。所谓继受主体,是指通过转让、继承等方式取得著作权的人。② 图书馆在实践工作中,尤其在追查年代较为久远,但尚在版权保护期内相关作品权利人的时候,需要考量作品的财产权是否存在继受的情况。

---

① 吴汉东.知识产权基本问题研究[M].北京:中国人民大学出版社,2005:191.

② 吴汉东.知识产权基本问题研究[M].北京:中国人民大学出版社,2005:214.

对于外国人和无国籍人的作品版权问题,《著作权法》第二条第二至四款进行了明确规定:“外国人、无国籍人的作品根据其作者所属国或者经常居住地国同中国签订的协议或者共同参加的国际条约享有的著作权,受本法保护。”“外国人、无国籍人的作品首先在中国境内出版的,依照本法享有著作权。”“未与中国签订协议或者共同参加国际条约的国家的作者以及无国籍人的作品首次在中国参加的国际条约的成员国出版的,或者在成员国和非成员国同时出版的,受本法保护。”

版权遵循自动产生原则,《著作权法》第十一条规定“著作权属于作者,本法另有规定的除外”。但合作作品、职务作品、委托作品以及汇编作品由于其创作的特殊性,法律对其作品的版权归属也做了特殊规定。详细条款可参阅我国《著作权法》第十三条(合作作品)、第十六条(职务作品)、第十七条(委托作品)、第十四条(汇编作品)具体条款内容。

(3)版权的内容

版权由人身权和财产权构成。

著作人身权,是作者基于作品依法享有的以人身利益为内容的权利,是与著作财产权相对应的人身权。① 根据我国《著作权法》第十条第一款第(一)至(四)项规定,著作人身权包括:发表权、署名权、修改权、保护作品完整权。

著作财产权,是著作权人基于对作品的利用给他带来的财产收益权,②亦是著作权制度的重要起源。根据《著作权法》第十条第一款第(五)至(十七)项规定,著作财产权包括:复制权、发行权、出租权、展览权、表演权、放映权、广播权、信息网络传播权、摄制权、改编权、翻译权、汇编权,以及应当由著作权人享有的其他权利。

① 刘春田.知识产权法(第三版)[M].北京:高等教育出版社,2007:64.

② 刘春田.知识产权法(第三版)[M].北京:高等教育出版社,2007:69.

(4)版权保护期

1)权利期间

版权是有一定期间限制的权利。由于著作人身权反映的是一种客观事实,因此我国《著作权法》第二十条规定"作者的署名权、修改权、保护作品完整权的保护期不受限制"。著作的发表权和财产权反映了权利人通过利用获得收益的关系,因此需要有时间限制。各国版权制度对于财产权基本都规定了一定的保护期限。我国《著作权法》第二十一条规定,公民的作品,其发表权和财产权的保护期为作者终生及其死亡后五十年,截止于作者死亡后第五十年的12月31日;如果是合作作品,截止于最后死亡的作者死亡后第五十年的12月31日。法人或者其他组织的作品、著作权(署名权除外)由法人或者其他组织享有的职务作品,其发表权和财产权的保护期为五十年,截止于作品首次发表后第五十年的12月31日,但作品自创作完成后五十年内未发表的,著作权法不再保护。电影作品和以类似摄制电影的方法创作的作品、摄影作品,其发表权和财产权的保护期为五十年,截止于作品首次发表后第五十年的12月31日,但作品自创作完成后五十年内未发表的,著作权法不再保护。

从世界范围看,针对个人作品,国际公约规定的保护期一般是作者终生及其死后五十年;而以美国和欧盟成员国为代表的国家目前其对文学艺术作品等的版权保护期是作者终生及其死后七十年,特殊情形作品的版权保护期甚至更长。①

2)公有领域

按照目前通行的著作权保护制度,在作者去世满一定期间后,公众就可以自由获得其智力作品成果,作者的版权至少是其财产权利就到期了。当一件作品不再受版权保护时,就称为进入了公共领域。② 公共领域也称为公有领域,从广义上讲,凡法律未确立

① 何华.著作权保护期限研究三题[J].法商研究,2012(4):29-31.

② 联合国教科文组织.版权法导论[M].北京:知识产权出版社,2009:87.

财产地位的作品，即使具有创造性，亦属于公有领域，公众可以自由使用，包括已过版权保护期的作品、不受著作权法保护的作品、作者放弃权利的作品等。

(5)版权的限制

版权不仅是对于作者个人基于作品权利的保护，与此同时，还要考虑社会公众对于获取知识与信息的需求。为了有效平衡两者之间的利益，版权在重视保护的同时还需要设立一些权利的限制与例外，这对于构建一个合理的法律制度意义重大。版权的限制与例外主要体现在合理使用和法定许可方面。

1)合理使用

合理使用，是指他人依据法律的有关规定而使用享有著作权的作品，无须征得著作权人的同意，也不需要向著作权人支付报酬，但是应当尊重作者的精神权利。① 合理使用是现代国家版权法中普遍采用的一项法律制度。版权公约中判断合理使用的规则是“三步检验法”，最初是《伯尔尼公约》中关于复制权例外的检测标准，即：一定特例；不与作品的正常使用冲突；不应不合理地损害权利持有人的合法利益。② 我国《著作权法》第二十二条分列了12种合理使用情形。

2)法定许可

法定许可也是各国版权法所普遍采用的一项制度。法定许可，又称为“法定许可证”制度，是指根据法律的直接规定，以某些方式使用他人已经发表的作品可以不经著作权人的许可，但应当向著作权人支付使用费，并尊重著作权人的其他各项人身权利和财产权利的制度。③ 我国《著作权法》第三十三条第二款、第四十条第三款、第四十三条第二款、第四十四条分别对法定许可使用制度的不同情况进行了规定。

---

① 李明德，徐超. 著作权法[M]. 北京：法律出版社，2009：95.

② 联合国教科文组织. 版权法导论[M]. 北京：知识产权出版社，2009：91.

③ 刘春田. 知识产权法（第三版）[M]. 北京：高等教育出版社，2007：125.

1.2 图书馆数字资源版权管理的必要性

1.2.1 保障数字资源来源

图书馆数字资源版权管理是依法保护著作权人利益,保护作品创作,保证数字资源来源的需要。数字图书馆作为图书馆发展的新形态,是利用高新技术拓展公共文化服务能力和传播范围的重要途径,也是国家信息化建设的重要组成部分,其迅猛发展为传统图书馆提供了新的发展机遇和广阔的发展空间,为公众获取信息与知识提供了极大的便利。

资源是数字图书馆建设与服务的核心。为了保障数字时代下图书馆数字资源的建设,需要从源头把好关,做到资源来源的合法有序。只有依法保护著作权人的合法利益,才能有效保护作者的创作动力和创新热情,鼓励创作,促进作品传播,从而真正保证图书馆资源源源不断、长盛不衰。

1.2.2 规避侵权风险

图书馆数字资源版权管理是规避侵权风险,提高数字资源建设与服务水平的需要。随着通信技术和信息网络技术的快速发展,图书馆在数字资源建设与服务方面迎来了崭新的机遇。然而,数字资源的特点就像一柄双刃剑,一方面促使图书馆的服务水平和服务能力得到了前所未有的提升;另一方面,由于数字资源具有复制便利、内容多样、来源复杂和易于传播等重要特性,易于引发侵权行为,图书馆面临版权纠纷风险的挑战前所未有。因此,必须要大力加强图书馆的数字资源版权管理,做好数字资源权责关系梳理,明晰使用范围和授权期限,避免图书馆陷入版权侵权的泥潭,尽最大可能将图书馆的版权风险降到最低。

1.2.3 满足用户需求

图书馆数字资源版权管理是满足用户需求，推动数字资源深入开发与利用的需要。随着信息交流环境的剧烈变化，数字出版呈现出蓬勃发展之势，人们的阅读方式与信息获取方式日趋多样，数字阅读作为一种重要的阅读方式也日益普及。数字化阅读方式在人们的日常生活中随处可见，并且将以更加快速的发展势头融入人们的生活。这一切给数字图书馆带来的绝不仅仅是技术上的革新，还有更加深刻的生存和发展环境的变革。如果不能顺应时代的发展，无法满足用户随时随地、方便快捷的信息获取需求，无法为用户提供无处不在的服务，图书馆事业就会被边缘化，甚至萎缩。因此，图书馆必须直面技术发展带来的机遇和挑战，认清和把握图书馆事业发展的新趋势，充分利用现代信息技术，加强数字资源版权管理，有效推动图书馆数字馆藏的深入开发与利用，才能不断适应读者的新需求，满足社会公众日益增长的精神文化需要，推动社会科学文化事业的发展与繁荣。

1.2.4 实现著作权人与大众利益平衡

图书馆数字资源版权管理是实现著作权人与社会大众利益平衡，推动数字化建设的需要。版权在本质上而言是一种私权，是著作权人通过利用作品独享利益的一种私人利益所在，而社会公众对作品的合法需求则是公共利益的诉求。两者之间的矛盾必然构成版权在私人利益与公共利益上的冲突。拥有版权私权的著作权人希望通过版权保护制度来实现自身利益的最大化；而代表社会公益性文献信息服务机构的图书馆，以通过对公众提供免费服务来实现作品创作与传播的价值。这两者之间又构成了版权私利最大化的利益与公益性免费使用的冲突。

法律的目的在于平衡个人与社会之间的利益。基于此，1996年，桑迪·挪曼女士在天津召开的IFLA版权会前会的总结发言中提出了“版权平衡”概念。《世界知识产权组织版权条约》在序言段中也提到要“强调版权保护作为文学和艺术创作促进因素的重要意义”，与此同时，也要“承认有必要按《伯尔尼公约》所反映的保持作者的权利与广大公众的利益，尤其是教育、研究和获得信息的利益之间的平衡”。同样，《世界知识产权组织表演和录音制品条约》在序言中也提到，在“承认信息与通信技术的发展和交汇对表演和录音制品的制作与使用的深刻影响”的同时，强调“承认有必要保持表演者和录音制品制作者的权利与广大公众的利益，尤其是教育、研究和获得信息的利益之间的平衡”。

平衡是现代著作权法的基本精神。[①] 平衡精神所追求的，实质上是各种冲突因素处于相互协调之中的和谐状态，它包括著作权人权利义务的平衡，创作者、传播者、使用者三者之间关系的平衡，公共利益与个人利益的平衡。[②] 图书馆是作品的传播者。读者作为使用者，往往是单一的社会个体，难以形成一个比较固定的利益诉求团体。图书馆作为社会公益性文献信息服务机构，是广大读者利益的代言人。数字时代的来临，改变着作品的创作、传播和使用方式，也深刻地影响着作品创作者、传播者和使用者三者之间的平衡关系，给图书馆也提出了更新、更高的要求。图书馆版权管理的核心就是，在现有法律框架下，寻求共赢、多赢的版权解决模式，发挥图书馆的纽带和桥梁作用，既要保护著作权人的合理利益，又要保障社会大众的公共利益诉求，最终在寻求各方利益平衡的过程中实现自身的发展和繁荣。

① 吴汉东. 著作权合理使用制度研究[M]. 北京：中国政法大学出版社，2005：14.

② 吴汉东. 著作权合理使用制度研究[M]. 北京：中国政法大学出版社，2005：18.

2 图书馆数字资源建设的版权问题

2.1 数字资源采访

文献采访是图书馆（文献情报机构）为建立馆藏文献而进行的有关文献的选择、获取等工作。[①] 随着技术进步和文献类型多元化发展,数字资源采访成为现代图书馆文献采访的重要组成部分。数字资源采访是指图书馆以一定的原则和标准,为建立数字馆藏而进行的选择、获取信息资源的行为和过程。广义上的数字资源采访不仅包括通过购买、许可授权、捐赠、呈缴、交换等方式获取资源,也包括通过文献数字化、网络资源采集、专题导航等方式自建数据库和数字文献。本节将要讨论的数字资源采访仅指图书馆为建立数字馆藏通过购买或许可授权方式选择、获取信息资源的过程。

数字资源采访是图书馆数字资源建设的重要环节,这个环节的工作质量将极大影响图书馆数字信息资源的整体水平,并最终影响图书馆的信息服务。数字资源采访与传统的纸质文献采访业务相比,在资源遴选标准和原则、采购策略、供货商销售模式、采购流程、采购协议内容、版权审查和解决方案等诸多方面差异甚巨。特别是在网络环境下,数字资源采访面临的版权风险无处不在,比如错综复杂的数据库海量作品的版权授权问题,即作者、传统出版社和数据库提供商各自的权利义务界定,以及三者之间版权授权协议的审查;图书馆与资源提供商在版权法与合同之间的博弈与

① 杨肥生. 文献采访定义研究[J]. 情报探索,2010(2):34 - 36.

制衡;图书馆因权责约定不清晰或资源提供商的版权侵权行为而引起的合同责任和侵权责任等,这些都是采访馆员在采购过程当中不可避免所要面临的问题。

2.1.1 案例分析

【案例1:樊某诉上海某图书馆等侵犯著作权纠纷案】①

本案中,原告是涉案作品等21篇文章(其中18篇为期刊,3篇为图书)的作者,依法对其作品享有著作权。被告某数据库提供商未经作者许可,将原告已发表的涉案作品等21篇文章均收编入数据库中使用,并销售给上海某图书馆。在某图书馆内登录该全文数据库,显示的载体类型为局域网,更新周期为每月,使用地点为网络学习室,读者在网络学习室可以访问全文,远程可以访问题录库。

法院经审理认为,由于原告在各期刊上刊登上述18篇文章时,并没有附带不可转载、摘编的特别声明,故被告某数据库提供商未经作者许可,将原告已发表的18篇期刊收编入数据库中使用,符合报刊转载法定许可的规定,未侵犯原告的复制权、发行权和信息网络传播权。其他3篇文章系原刊登于图书而非报刊上,不能适用上述报刊转载法定许可的规定,故仅对该3篇文章而言,被告数据库提供商的行为构成对原告著作权中的复制权、发行权、信息网络传播权的侵犯,依法应承担相应的民事责任。

鉴于被告某图书馆并非涉案数据库的分站而是最终用户,且为公益性使用,故某图书馆未侵犯原告的著作权,其在本案中不承担任何民事责任。

---

① 本案例来源于北大法宝数据库。

【案例2:北京某数据库提供商诉某图书馆等侵犯信息网络传播权纠纷案】①

本案中,原告某数据库提供商与涉案期刊出版社签订合作协议,享有涉案期刊的信息网络传播权,且该权利为独家专有使用权;被告某数据库提供商B未经著作权人许可,在其数据库中上载涉案杂志的期刊封面,并销售给某图书馆。

法院经审理认为,被告数据库提供商B的行为侵犯了该期刊的版式设计权,应当承担停止侵权及赔偿经济损失的民事责任。被告某图书馆根据自己与被告某数据库提供商B签订的《××数据库合同书》,在自己的网络服务器上以镜像数据库的方式向自己的服务对象提供数据库的资源内容,使用范围仅限馆内局域网。被告某数据库提供商B负责每月数据的更新并向被告某图书馆提供镜像安装服务,该网络服务是以技术安排自动向用户提供的,维护更新由被告数据库提供商B负责,某图书馆网站未对该电子数据进行改动。因此,法院最终认定,被告某图书馆的行为符合《信息网络传播权保护条例》第二十一条规定的情形,不承担赔偿责任,但应当断开与涉案期刊相关的内容链接。

【案例3:殷某诉某图书馆侵犯著作权纠纷一案】②

原告系涉案作品的作者,对其作品享有著作权。被告某图书馆与数据库提供商签订了《××数据库订置合同》,该图书馆选择以"镜像站点"方式订购数据库提供商提供的数据库和服务,使用范围仅限本单位局域网使用,据此,原告请求确认被告某图书馆的相关行为侵犯其涉案作品复制权、发行权、获得报酬权。

① 本案例来源于律商网数据库。

② 本案例来源于北大法宝数据库。

> 法院经审理认为，图书馆作为向社会公众提供其馆藏资料借阅服务的公益性机构，在搜集资料过程中所应尽的义务就是审查其购买的资料是否为合法出版物。本案中，涉案数据库是经国家批准的依法公开发行的合法电子刊物，被告某图书馆通过签订合同并支付对价的方式取得该电子数据库产品，已经尽到合理的注意义务。至于该电子数据库产品中是否存在侵犯他人著作权的情形，图书馆对此没有审查义务。

案例 1 中图书馆以对价形式购买数据库产品，是用户而非数据库的分站，且图书馆为公益局域网使用，即使所购数据库中含有侵犯著作权人相关权利的作品，法院也没有因此认定图书馆有审查义务，需承担连带责任。但在案例 2 中，涉案图书馆因同类的纠纷而涉讼，最终法院判定图书馆侵权但不承担民事赔偿责任，判决依据是《信息网络传播权保护条例》中的网络服务提供者的免责条款，即法院认定图书馆采购数据库提供信息服务的行为，可以视为网络服务提供者“自动存储从其他网络服务提供者获得的作品、表演、录音录像制品，根据技术安排自动向服务对象提供服务”，在符合法定免责的情况下可以不承担赔偿责任。案例 3 中涉及图书馆采购资源时对版权的合理注意义务，该案中法院认为图书馆的合理注意义务即审查其购买的资料是否为合法出版物。三个案例均因图书馆采购数字资源中的版权问题而起，司法实践对图书馆是否承担责任和承担何种责任认定不一，断案依据也各有不同，这从一个侧面也说明，图书馆因数字资源采购而面临的版权风险很大，但诸多的司法实践也为图书馆提供了可供借鉴的有效规避版权风险的方式。上述案例中涉及图书馆采购中的版权问题有：合理注意义务的边界，作为网络服务提供者的免责情形，合同条款的版权风险规避等。

2.1.2 侵权风险分析

(1)因采购资源中含有侵权作品而承担连带责任的风险

上述三个案例均为图书馆涉讼案件,诉因皆为图书馆采购的商业数据库中含有涉嫌侵犯著作权人信息网络传播权的作品而引发纠纷。案例1中涉案数据库所收录期刊虽因符合法定转载许可而免责,但因其收录的图书并不适用法定许可,数据库提供商需对作者承担侵权责任,而作为购买方的某图书馆因此涉诉。案例2中涉案数据库收录的作品侵犯了出版社的版式设计权而侵权,购买方某图书馆因此承担连带侵权责任。连带侵权是目前图书馆数字资源采访中面临的最主要的法律风险。造成此种风险的原因是:一方面,随着作者和出版社版权保护意识的加强,加上数字出版业竞争激烈,资源提供商侵犯著作权的案件屡见不鲜,另一方面,图书馆采访员受条件和专业所限,往往无法对集成数据库中海量作品的版权情况进行一一筛查;而图书馆传播知识服务社会的公共职能,也决定了图书馆时刻处于公众的监督之下,提供服务中如含有侵权作品,也更易被发现和取证。如案例1中原告即提供了图书馆的宣传材料及网站信息,作为支持其诉讼的证据材料;案例3中原告更是直接到图书馆的电子阅览室取证并进行了公证。

(2)因版权瑕疵担保责任条款不清晰而产生的合同风险

一般而言,图书馆在数据库采购合同中都会涉及产品的版权归属、版权风险规避等关键条款,但现实采购协议的范本大多源自供货商的格式合同,出于商业利益,自然是最大限度地规避自身责任。如果合同中版权瑕疵担保责任条款不清晰,数据库提供商就会将其版权瑕疵风险转嫁给图书馆,图书馆因此面临的版权风险将更大。

(3)因合同规定使用范围界定模糊而产生的合同风险

在现实采购中,数据库提供商希望通过采购协议最大限度地限制图书馆的使用范围，为其产品提供更广阔的市场空间，因此会在授权用户范围、使用方式、技术措施限制等方面做出限制；而图书馆出于公益服务之目的，总是倾向于争取最大服务权限。因此，如果双方在关键条款上界定模糊，势必为将来的争议埋下伏笔。如国内某经济新闻类数据库提供的格式合同中规定："甲方（图书馆）只能将乙方提供的产品及服务用于其自身所需的数据信息查询和统计分析等内部研究工作，甲方无权许可、授权第三方对标的数据资料的使用、转载、链接。"该合同未对"自身所需"的范围有所界定，导致无法明确图书馆正常提供的读者服务是否涵盖于其中，进而导致图书馆发生违约使用资源的风险。

（4）因版权争议适用法律而产生的风险

主要是采购国外资源时会面临此类问题。在采购合同中涉及争议解决方式和适用法律时，资源提供商和图书馆往往都不同意直接依据对方国内法律解决争议，不管最终是选择任何一方或是第三方国家和地区的法律管辖，还是直接依据国际条约或双边协定，如果作为采购方的图书馆不熟悉协议约定的法律管辖地的法律，一旦出现版权纠纷，法院将根据合同约定适用约定地版权法律制度解决争议时，图书馆因此要面临的诉讼成本、被判版权侵权或违约的风险都相应增加。不可忽略的是，现实中图书馆极易因版权问题涉讼，所以谨慎选择解决争议的法律管辖地非常重要。

（5）为最终用户的版权侵权行为承担责任的风险

图书馆采购数字资源的最终目的是为公众提供信息服务，但在提供信息服务的过程中，可能会为最终用户的非法使用行为承担连带侵权责任。作为资源供应商，总是倾向于在合同中扩大图书馆承担此种责任的范围，如某数据库供应商的格式合同规定："订阅机构认可并同意包括通过本协议在如下规定条款下为订阅机构及其授权用户提供所有服务内容的远程访问方式。订阅机构同意为任何违反本条款之授权用户承担责任。"图书馆有义务在提供数字资源服务时采取必要手段提醒和约束用户按照合同约定方式使用资源,如果图书馆未尽到适当的提醒义务,将承担为最终用户的版权侵权行为承担责任的风险。但类似要图书馆为授权用户的所有行为承担责任的相关条款约定过于苛刻,图书馆在采访过程中要注意尽量避免此类条款。

(6)因限定责任范围而产生的风险

根据《著作权法》第四十九条规定,侵犯著作权或者与著作权有关的权利,侵权人应当按照权利人的实际损失给予赔偿;实际损失难以计算的,可以按照侵权人的违法所得给予赔偿。赔偿数额还应当包括权利人为制止侵权行为所支付的合理开支。因著作权侵权赔偿责任难以预估,图书馆在采购合同中一般会约定由供应商承担。即使现实中法院判决图书馆承担部分责任,图书馆也可以根据协议向供应商追偿。但往往供应商会在合同中限定赔偿责任上限,如某数据库商格式合同规定:"(供应商)根据本协议承担的责任,不论是合同责任、侵权责任、后果责任或者其他责任,均不超过根据本协议为购买资源库而支付的费用。"如果合同照此签订,超过采购费用的部分将由图书馆自行承担,对图书馆而言,赔偿风险依然没有完全转移。

综上所述,图书馆在数字资源采访环节存在的版权风险类型很多,大体可分为两类,一类是版权法律风险,指图书馆在资源采购和使用过程中,因疏于版权审查而导致承担法律责任的风险。如因所购数据库中含有侵权作品而承担连带侵权责任等风险类型。另一类型是合同风险,指图书馆在签订采购合同中,可归责于合同一方或双方当事人的事由所导致的损失。如上文中因合同使用范围不清晰、限定责任条款等原因而使图书馆面临经济损失等风险类型。为了更好地合法履行图书馆的公共文化传播职能,图书馆在资源建设和信息服务的过程中,必须在采购环节严把版权关,注意规避各类版权风险,确保后续的信息服务效益最大化。

2.1.3 风险防范建议

在现行法律体制下,图书馆采访馆员应在全面熟知现行版权法律制度的基础上，在采访各个环节严把版权审查关，并且在合同签订环节，最大范围争取图书馆的权益，规避版权风险，明晰版权责任。

(1)在采购环节中尽到合理注意义务

1)数字资源采访中图书馆的合理注意义务的界定

在案例3中，法院对图书馆采购信息资源时的合理注意义务是这样表述的：图书馆作为非营利性的文化事业单位，收藏文献、保存信息、提供检索，并以“有限提供”的方式向社会公众传播信息是其主要职能。图书馆在采购、收藏各种介质的图书、期刊时所应尽的主要注意义务是购买合法出版物。对于所收藏的正版刊物中是否存在侵犯他人著作权的作品，图书馆没有具体的审查义务。但是在另一案中，诉因同样是因为图书馆采购数据库中含有侵权作品，而侵犯著作权人的信息网络传播权等著作权，法院却判决作为采购方的图书馆承担侵权责任。该案中法院认定，“某数字出版商作为与出版社合作，并直接进行销售的一方，某图书馆作为使用和传播图书内容的一方，均未尽合理的注意义务，亦存在一定过错。因此，上述各方均应对使用行为承担相应的侵权责任”。

实际上，图书馆无法也不可能对数据库中海量作品的授权进行一一核查，考虑到市场交易的稳定性，以及图书馆的公益性，不宜对图书馆课以较重的版权审查义务。除图书馆采购的商业数据库作品中有明显情形可推断图书馆应当知道涉嫌侵权之作品的情况外，图书馆不应承担连带赔偿责任。图书馆的注意义务界定在具有合法出版和发行资质的资源提供方处采购合法出版物，并在合理使用上尽到注意义务即可。为了最大限度地规避版权风险，图书馆在试用环节应该根据资源的类型有针对性地抽查部分作品的版权授权协议，审查数字资源供应商是否对数据库收录作品具有合法的权利。

2)合理注意义务的内容

- 选择具有合法出版、发行资质的供货商

在交易进行时，严格审查供应商的各种资质证书。供应商提供的产品和服务方式如果涉及专业经营，如图书、期刊等，则需要取得行政部门的许可经营证，如果不涉及，则一般的经营执照即可，但需审查其营业范围是否涵盖该类资源的销售；如果供货商是代理，除了一般的资质审查外，还需严格审查代理商的授权代理协议是否有权进行销售。现在越来越多的图书馆通过公开招投标的方式进行采购，在招标文件中设定供货商资质时，应该综合考虑所采购货物或服务的性质和使用方式，科学合理设定门槛。

● 采购合法出版物，选择版权清晰的产品

在遴选资源时，应该注意采购符合我国出版相关法律的合法出版物，选择版权清晰的产品。在审查版权授权协议时，注意区分不同资源类型的授权状况，因法律对不同资源类型的版权保护条件不同，著作权法定许可范围也有所不同。如我国现行《著作权法》只规定了教科书编写出版、录音录像制作、电台电视台播放等著作权法定许可情形，不包含电子图书。如案例 1 中，21 篇涉案作品，其中 18 篇电子期刊适用了法定许可，剩下的 3 篇被认定为图书而不适用该权利限制制度，侵权人应为此 3 种电子图书承担侵权责任。

(2)科学合理制定采购合同中版权相关的条款

1)合同主体

采购时如果选择与代理商签订采购协议，包括通过出版物进口经营单位引进国外、港澳台地区资源，必须在采购协议中明确产品的版权归属，特别是出现版权瑕疵时承担责任的主体。现实采购中，有时会出现采购方、代理方、产品版权方、产品售后维护方等多方情形，如某台湾地区的数据库，版权归属于台湾地区的某出版商 A，该出版商在内地的代理是 B 公司，根据 AB 之间的代理协议：B 只负责该产品的售后服务，所有版权责任仍归属于 A 公司，根据相关规定，引进该数据库必须经过出版物进口经营单位 C 公司，根据 AC 之间的代理协议，C 公司负责该产品在内地的销售和代理进口。当产品的各种权利、义务和责任人非常分散时，为了保护图书馆的采购权益,特别是版权权益,应谨慎审查各种代理权限,选择适格的主体签订合同,特别是确保合同的一方是承担版权责任的适格主体。

2)适用法律

尽量争取合同适用法律为图书馆所在国的法律,法律管辖地为图书馆所在地。涉外合同如选择第三方司法管辖,图书馆必须熟知该国或地区在版权方面的相关规定,以尽可能规避因法律规定不同而带来的不确定性和版权风险。

3)版权无瑕疵承诺

要求资源供应商以合同条款的形式明确保证其所提供的资源版权无瑕疵:如图书馆因购买和按照协议规定之方式合理使用合同项下产品引发版权纠纷,供应商需承担由此产生的责任,并赔偿图书馆由此产生的所有损失。同时,供应商需提供相应的替代措施,或是主动取得侵权作品的合法授权,或是为图书馆替换同等质量和数量的其他产品等。

4)争取最大权益

综合我国著作权法律体系来看,图书馆可以适用的著作权例外空间主要集中在复制权例外、信息网络传播权例外和技术措施规避等方面,但现实中的资源供应商倾向以协议方式限制图书馆依著作权法可享有的合理权利,这就要求图书馆采访员在采购资源时,熟知图书馆可以适用的各种著作权例外和限制,在签订采购协议时争取最大的产品使用权限,不断拓展公众获取信息的权益,使所采购的资源能发挥最大的社会效益和经济效益。

2.2 文献数字化

本节所要讨论的文献数字化主要是指图书馆馆藏资源数字化,即图书馆利用新型信息技术等将馆藏印刷文献、缩微文献、视听文献等传统介质的文献转化为计算机能够识别的二进制编码的数字化信息的过程。[①] 图书馆通过数字化自主开发利用馆藏资源，特别是馆藏特色资源，是图书馆进行数字资源建设的一个重要途径。

图书馆实施文献数字化具有先天的优势。首先，作为文献保存和传播机构，图书馆宏富的馆藏资源，特别是馆藏特色资源，是其进行信息资源建设的“内容”基础所在；其次，图书馆的公益性定位，使其在数字化过程中，可以享受到一定的著作权例外，不必像其他商业性机构受到著作权法的诸多制约。因此，图书馆将馆藏文献进行数字化具有明显的优势，可以充分利用法定许可、合理使用以及多种形式的授权方式，建设信息资源，更好地履行其社会职能。

但是《著作权法》并不是对图书馆馆藏文献数字化全程“保驾护航”，图书馆文献数字化也需在法律规定的范围内进行。文献数字化是一种复制行为，在其进行数字化转换、复制、集成等过程中必然会遭遇著作权人的复制权、版式设计权等权利的掣肘。虽然我国的著作权相关法律法规在复制权、发表权、信息网络传播权等方面给予图书馆一定的著作权例外空间，但是有其严格的适用条件，图书馆如果在文献数字化过程中，实施了超出法律划定界限的行为，同样也会侵犯到著作权人相应的人身权和财产权，面临涉讼风险。

2.2.1　案例分析

【案例：谷歌数字图书馆版权纠纷】

2004 年，谷歌宣布了谷歌数字图书馆计划，核心内容是谷歌将寻求与图书馆和出版商合作，将其收藏进行扫描和数字化，使其能够被搜索。具体操作是将图书全文

① 魏大威. 数字图书馆理论与实务[M]. 北京：国家图书馆出版社，2012：314.

复制进入谷歌的搜索数据库,在用户搜索询问时,谷歌将保存的文本中的一些句子提供给搜索者。该计划实际上是将全球没有获得授权的,尚在著作权保护期内的近千万种图书收入其数字图书馆,因此,此举注定从其诞生的那一刻起就备受争议。2005 年 8 月,谷歌宣布了“舍弃”策略:如果一个出版者向谷歌提供一份不想让谷歌扫描的书籍清单,谷歌就会放弃书单中所列图书的扫描计划,但是,这个策略并没有停止争议。2005 年 9 月,美国作家协会和美国出版者协会等对谷歌发起集团诉讼,诉称谷歌在扫描书籍和图书数字化过程中存在大规模的侵犯版权行为。① 2012 年 10 月 4 号,谷歌和美国出版协会长达 7 年的书籍版权纠纷案终于有了结果。二者达成协议,谷歌将继续推行其图书馆计划。协议的详细内容无法得知。但可以确认的一点是,谷歌必须“承认版权所有者的权利和利益”。在未经版权所有者同意的情况下,谷歌不得将他们的书籍数字化上传到网上,不再将书籍添加到谷歌的图书馆计划。而且,出版商与谷歌的私下和解,并不代表这作家们也妥协了。作家协会的负责人指出,“谷歌还在不经作者同意的情况下,以他们的作品获利,协会将会代表作家继续向谷歌讨回公道。”②

案例中谷歌的“舍弃”策略实质上将防止侵权的责任由使用者转嫁给了著作权人,有违法律“先授权,后使用”的原则。谷歌将图书扫描数字化的复制行为,是否符合版权法中的著作权例外?在本案中,虽然谷歌最终提供的服务是碎片化的,但不可否认其对整部作品进行了全

① 吕炳斌. 网络时代版权制度的变革与创新[M]. 北京:中国民主法制出版社,2012:81 - 89.

② 中国知识产权杂志. 谷歌与出版商七年版权纠纷终结 图书馆计划可继续[EB/OL]. [2012 - 12 - 20]. http://www.chinaipmagazine.com/news - show.asp? id =7833.

文复制。谷歌并没有从出售书籍中获利，但是它作为商业性机构，复制图书进入它的数据库将确实增加其搜索引擎的商业价值。因此，本案中谷歌的数字化行为也很难简单适用各国针对公益性图书馆的合理使用制度。

此案可供商榷和反思的地方很多，对图书馆而言，在以公益为目的进行文献数字化的过程中，已进入公有领域的作品自然受到版权法的制约较少，但如果作品尚在版权保护期，除了特定条件下的图书馆可将作品数字化外，将其他作品擅自数字化，势必面临侵权风险。因此，图书馆需要就如何获得海量作品复制权授权方面开拓思路，通过多种灵活的方式获得授权；此外，针对当前各类机构都在以“数字图书馆”名义建设信息资源的现状，有必要对各类数字图书馆的性质做出区分，明确企业法人以营利为目的建立的“数字图书馆”与传统的公益性图书馆建立的“数字图书馆”不同，比如谷歌数字图书馆，即使前期战略是以传播文化为目的，并没有从中牟利，但并不适用于对图书馆复制行为的豁免条款。

2.2.2 侵权风险类型

根据我国《著作权法》的规定，对版权保护期内文献进行数字化，除法律法规另有规定以外，均需获得作品权利人的许可，否则将面临侵犯作品复制权、出版社版式设计权等权利的风险。此外，如果图书馆将数字化文献开发利用或提供使用，还面临侵犯发表权、汇编权、信息网络传播权等权利的风险。关于文献数字化后提供使用所面临的版权问题，详见第三章中“自建数字资源发布服务”的相关内容。

(1)侵犯著作权人复制权的法律风险

目前文献数字化的方式主要有文本扫描、数字出版、键盘录入等。其中，文本扫描应用最为广泛。将印刷型文献转换成各种数字格式存储在计算机中均是著作权法意义上对原作品的复制,[①]涉及著作权人的复制权。复制权是著作权最基本也是最核心的权利,《著作权法》规定,复制权即以印刷、复印、拓印、录音、录像、翻录、翻拍等方式将作品制作一份或者多份的权利。随着现代信息技术的发展,图书馆在资源建设与服务过程中涉及的与复制相关的主要业务包括:一是非数字化作品的传统复制,如对纸质书刊报的影印复制和利用唱片、磁带、软件、幻灯片等音像制品进行复制;二是对非数字化作品的数字化复制,如通过计算机录入、扫描转换、全息数字化等方式将印本文献数字化;三是数字化作品的数字化复制,主要是对原生数字资源制作复制件。[②] 文献数字化主要涉及后两种复制形式。虽然我国现行著作权法中并没有明文规定数字化复制,但是在《信息网络传播权保护条例》第七条明确提出了"以数字化形式复制作品"。可见,在一般情况下,如果作品没有进入公有领域,没有得到著作权人授权,或是不符合合理使用、法定许可等规定,图书馆无权将受著作权保护的作品数字化。

各国法律在保护复制权的同时,也对复制权有所限制。特别是针对图书馆、档案馆、美术馆等非营利性机构,为公益之目的可以数字化复制受著作权保护之作品。例如,我国《信息网络传播权保护条例》第七条规定,图书馆为陈列或者保存版本的需要可以以数字化形式复制作品。这是我国图书馆进行馆藏文献数字化时可以适用的例外条款,但需注意构成要件是:"为陈列或者保存版本需要"、"不得直接或间接获得经济利益"、"已经损毁或者濒临损毁、丢失或者失窃,或者其存储格式已经过时,并且在市场上无法购买或者只能以明显高于标定的价格购买的作品",从目前各馆文献数字化实践来看,在对普通文献,特别是现当代文献数字化时,

① 陈传夫.馆藏文献数字化知识产权风险与对策研究[J].财经政法资讯,2003(5):30.

② 黄国彬.著作权例外与图书馆可适用的著作权例外[M].北京:知识产权出版社,2011:86.

很难说严格符合这三个构成要件,特别是第三个要件,“已经损毁或者濒临损毁、丢失或者失窃,或者其存储格式已经过时,并且在市场上无法购买或者只能以明显高于标定的价格购买的作品”,这个约束性条件往往被图书馆所忽视,带来侵权的风险。

(2)侵犯著作权人版式设计权的法律风险

版式设计权是我国《著作权法》赋予出版者的一项重要邻接权。根据《著作权法》第三十六条规定,“出版者有权许可或者禁止他人使用其出版的图书、期刊的版式设计。前款规定的权利的保护期为十年,截止于使用该版式设计的图书、期刊首次出版后第十年的12月31日”。从法律上来,版式设计权的权利人是出版者,图书馆在进行馆藏数字化时,不可避免会复制出版者的版式设计。因此,如果图书馆超越合理使用范围将出版者的版式设计数字化,也会侵犯到出版者的版式设计权。

2.2.3 风险防范建议

(1)认真筛查版权,充分开发公有领域资源

对于已超过权利保护期,进入公有领域的馆藏文献,图书馆在对其进行数字化的过程中,所受法律限制非常小,但需注意保护作者的署名权、修改权、保护作品完整权。各国公益机构都非常注意开发公有领域资源。如意大利国家图书馆于2010年与谷歌达成一项图书扫描协议,将馆藏出版于1870年以前,已进入公有领域的意大利图书,交由谷歌公司进行扫描数字化,其扫描内容涉及伽利略手稿、草药文稿等珍贵文本,这一举措极大促进了意大利文明的保存和文化的传播。[①] 我国国家图书馆一直也非常注意开发本馆收藏的古籍文献,截至2012年年底,馆藏古籍资源数字化已达约6万种。对已进入公有领域的古籍文献进行数字化开发,不仅有利于文献的保存保护,促进了文明的传承,同时,也可以最大程

① 刘华,徐刘靖.意大利图书馆的电子图书建设及启示[J].图书馆建设,2010(11):39-41.

度的规避版权风险。

(2)明晰馆藏文献数字化可以适用著作权例外的条件

目前,明确规定在数字化过程中主体为图书馆可以适用的例外条款是我国《著作权法》第二十二条和《信息网络传播权保护条例》第七条规定。根据上述条文,图书馆在馆藏文献数字化时可以享有的权利是:

①有权使用仍处于版权保护期的作品。

②可以不经著作权人许可,不向其支付报酬。

③使用方式为复制和通过信息网络向本馆馆舍内服务对象传播。

但同时,该"例外"是有前提条件的,图书馆对仍处于版权保护期的文献进行数字化,必须符合以下条件:

①文献数字化的目的:

- 为陈列和保存版本的需要。
- 非商业性目的,不得以直接或间接的形式获取经济利益。

②文献属性:

- 数字化形式复制的作品,必须是本馆收藏的作品。
- 作品满足"已经损毁或者濒临损毁、丢失或者失窃,或者其存储格式已经过时,并且在市场上无法购买或者只能以明显高于标定的价格购买"的条件。

(3)通过多种渠道获得授权

除了上述合法数字化的情况之外,图书馆若要对作品进行数字化则须取得著作权人的授权并支付报酬。如果使用到版权作品的版式设计,并且其版式设计权仍在权利保护期的,还需版式设计权人的许可。同时还要注意保护作者的署名权、修改权、保护作品完整权。

目前图书馆将馆藏资源数字化的主要难题是如何获得海量作品的授权。这也是当前制约数字图书馆建设的主要因素。总体而言,图书馆可获取的授权渠道主要有 5 种:通过著作权集体管理组织批量获得授权,从作者处直接获得授权,法定许可授权,从出版商处获得授权,授权要约等。[①] 关于图书馆获取授权的具体方式与操作建议,在第四章中有详细论述,在此不再赘述。

2.3 网络资源采集

随着信息网络技术的不断发展,网络信息资源逐渐成为一种重要的资源,网络资源短暂的生命周期和不可逆性,使之极具采集和保存价值。目前,国内外很多图书馆开展了网络信息资源采集项目。例如,2002 年起法国国家图书馆开展试验性网页采集和保存工作,通过网页快照对选举类网站实施保存。2004 年,该馆又与美国互联网档案馆(Internet Archive)一起开展了为期 5 年的合作计划,对注册为法国域名的网站内容实施采集和保存。到 2010 年,采集和保存的在线资料已达 180TB(130 亿个文件)。[②] 此外,美国、英国、德国、丹麦、意大利、奥地利、澳大利亚等国家的国家图书馆或高校图书馆都对网络信息资源采集开展了立法研究、项目试验等工作,英国和法国等国家对互联网信息资源采集和缴存范围、采集和缴存方式等内容在立法层面明确做出了不同程度的规定。

在我国,中国国家图书馆从 2003 年开始探索网络信息资源采集业务,并于 2009 年成立互联网信息资源保存保护中心,按照一定专题开展数字资源采集保存的相关工作,目前主要是根据《中华人民共和国政府信息公开条例》(以下简称《政府信息公开条例》),对从政府网站等渠道采集到的政府公开信息进行采集保存,并向读者发布。然而,目前除了政府公开信息外,我国在图书馆采

---

① 王萃.图书数字化传播版权授权模式研究[D].长春:东北师范大学,2006:13-18.

② 翟建雄.欧洲六国网络资源采集和缴存立法评析[J].新世纪图书馆,2011(12):17-21.

集网络信息资源方面缺少明确的法律和政策支持，导致图书馆在开展网络信息资源采集、保存和发布的过程中存在一定侵权风险。

2.3.1 案例分析

【案例：美国互联网档案馆诉 Suzanne Shell 确认未侵犯被告版权案】

2006 年，美国互联网档案馆（Internet Archive，IA）诉 Suzanne Shell 确认未侵犯被告版权案中，由于被告的个人网站“Profane Justice”中刊有版权公告：“如果您复制或传播本网站的任何内容，您将视为与本网站订立了一项合同，请在复制或传播前阅读本合同……”合同条款包括使用本网站刊载资料的收费标准、物权担保、赔偿金等内容，版权公告可通过点击 Shell 网站的图标读取。由于原告 IA 使用网页采集机器人 5 年间先后 87 次复制并保存该网站网页内容，并将全部网页向公众展示，被告要求移除网页内容，且支付网页使用费。通过审理，法院支持了被告的诉求，认为网站中每幅网页都包含了提示阅读合同条款，原告以复制行为接受了网站的合同条款，应当履行版权公告中的合同内容。①

本案例说明，图书馆等公益文化机构并不能以机器人操作而无人工干预主张免除应该负有的注意义务，对于网络资源采集必须严格对被保存网页的版权声明承担注意义务。

2.3.2 侵权风险分析

（1）侵犯复制权的风险

目前，很多网站的版权声明都明确了除非得到其许可，否则禁止以各种形式复制网站内容。例如，中国网络电视台声明：“未经

① 翟建雄. 美国图书馆复制权问题研究[M]. 北京：知识产权出版社，2010：308－310.

中央电视台和央视国际网络有限公司的书面许可，任何人不得变更、发行、播送、转载、复制……中国网络电视台的局部或全部的内容或服务或在非中国网络电视台所属的服务器上作镜像，否则以侵权论，依法追究法律责任。”①

网络信息资源采集是通过技术批量而精确地抓取目标网页中的数据，这属于复制作品的行为。著作权法第四十八条第(一)项规定，未经著作权人许可就实施复制行为，侵犯作者的复制权。图书馆如果未经网页所载作品的著作权人同意而任意抓取网页，即构成侵犯著作权人复制权的行为。

(2)侵犯汇编权的风险

求是理论网声明：“凡本网注明‘来源：求是理论网’或‘《求是》’的所有作品，版权均属于求是杂志社，未经本网授权不得转载、摘编或利用其他方式使用上述作品。”②

依据《著作权法》第十条第(十六)项规定，汇编权是将作品或者作品的片段通过选择或者编排，汇集成新作品的权利。《著作权法》十四条规定，新作品的实质要件是具有独创性，包括内容选择和编排上的独创性。并且汇编须取得被汇编作品的著作权人许可。所以，图书馆如果将采集到的网络信息进行整理、汇集成专题发布，可能被认定为经过整理形成了新作品，侵犯汇编权。

(3)侵犯信息网络传播权的风险

依据《信息网络传播权保护条例》第二十六条规定，信息网络传播权是指以有线或者无线方式向公众提供作品、表演或者录音录像制品，使公众可以在其个人选定的时间和地点获得作品、表演或者录音录像制品的权利。将采集的网络信息资源通过网络向读者发布，将面临侵犯信息网络传播权的风险。

---

① 中国网络电视台版权声明[EB/OL].[2013-03-31].http://www.cntv.cn/cntv/01/10/index.shtml.

② 求是理论网版权声明[EB/OL].[2013-04-01].http://www.qstheory.cn/wzsm/.

例如，财经中国网站声明："本网所有内容，凡注明来源为'财经中国网站'的所有文字、图片和音视频资料，版权均属财经中国网站所有，任何媒体、网站或个人未经本网协议授权，不得转载、链接、转贴或以其他方式复制发布或发表……"[①]因此，图书馆应当经网页所载作品的著作权人同意，再通过网络发布所采集的网页。

(4)因避开或破坏技术保护措施而侵权的风险

一些网站的版权声明对于避开或破坏技术保护措施做出了规定。例如，硅谷动力网络技术有限公司在版权声明中提及："硅谷动力网络技术有限公司对其自行开发的或和他人共同开发的所有内容、技术措施、技术手段和服务拥有全部知识产权，任何人不得侵害或破坏，也不得擅自使用。"[②]

如果图书馆在采集过程中故意避开或者破坏对方网站的技术措施直接采集网页信息，可能就会产生侵权风险。这里的"故意"，是指"明知或者应当知道"抓取资源的行为会破坏、回避技术措施。依据《信息网络传播权保护条例》第四条规定，为了保护信息网络传播权，权利人可以采取技术措施；任何组织或者个人不得故意避开或者破坏技术措施，不得故意制造、进口或者向公众提供主要用于避开或者破坏技术措施的装置或者部件，不得故意为他人避开或者破坏技术措施提供技术服务。第二十六条对"技术措施"解释为用于防止、限制未经权利人许可浏览、欣赏作品、表演、录音录像制品的或者通过信息网络向公众提供作品、表演、录音录像制品的有效技术、装置或者部件。所以，图书馆应当在遵守网站相应的协议的基础上进行网络信息资源采集，不得故意避开或破坏网站的技术保护措施。

(5)连带侵犯民事权利的风险

---

① 财经中国版权声明[EB/OL].[2013-03-31].http://www.fechina.com.cn/about/copyright/.

② 硅谷动力网络科技有限公司版权声明[EB/OL].[2013-04-01].http://www.enet.com.cn/aboutus/copyright.shtml.

网络资源包罗万象，内容质量也良莠不齐，尤其是一些商业性网站，边栏所附带的链接指向内容不良的广告、“三俗”信息、敏感信息、侵权信息等情况比较普遍。图书馆如果不对采集网站的网页内容加以甄别和控制，即进行信息资源采集和发布，极易带来传播不适宜内容的风险，也会给图书馆带来负面影响。较为常见的是侵犯肖像权、名誉权、隐私权，其他如侵害商业秘密等。

总的来说，图书馆如果没有获得网站授权，擅自采集并发布网络信息资源面临较高的侵权风险，尤其是在发布环节侵权损失往往随着作品传播范围的扩大而加重，容易引发纠纷，甚至为一些人通过非法复制、刻录、销售等行为进行侵权提供了方便。

2.3.3　风险防范建议

在我国当前的法律和政策环境下，图书馆开展网络信息资源采集确实面临较高的法律风险。但是，在图书馆保存职能和新技术发展的驱动下，网络信息资源采集仍然是必须坚持探索的方向，因此，必须在法律和政策层面出发，研究和制定可行的措施，多管齐下，力争在一定程度上降低风险。

(1)优先采集侵权风险较小的资源

优先采集不受《著作权法》保护，或法律有明确的许可，或由权利人声明许可的资源。

1)不受《著作权法》保护的资源

根据我国相关法律规定，不受《著作权法》保护的资源有以下几类：

• 法律、法规，国家机关的决议、决定、命令和其他具有立法、行政、司法性质的文件，及其官方正式译文。

• 时事新闻。这里的时事新闻，是指单纯的事实消息，不包含评论性内容，且使用时需要注明出处。

• 历法、通用数表、通用表格和公式。

• 与我国不在同一国际著作权条约(详见附录“国际公约”)之

中的外国作品，且首次出版不是在中国境内，也不是在中国参加的国际条约的成员国出版的外国作品。

• 明确已经进入公有领域的作品，例如古籍。（公有领域作品的甄别方法详见第三章）

2）有明确法律许可的资源

目前我国有明确法律许可进行采集的资源仅指向一种：即根据《政府信息公开条例》规定图书馆有权公开的信息，主要是指行政机关在履行职责过程中制作或者获取的，以一定形式记录、保存的信息，包括行政法规、规章和规范性文件、国民经济和社会发展规划、专项规划、区域规划及相关政策等。

3）著作权人声明许可的资源

著作权人明确声明许可使用的资源可以作为采集对象，例如遵循知识共享协议（Creative Commons，CC）的资源，著作权人允许用户自由复制、发行、展览、表演、放映、广播或通过信息网络传播其作品，但须遵守署名、非商业性使用和/或禁止演绎等前提条件。

（2）获取网站资源授权

获取采集对象授权是保证采集行为正当性的根本手段。采集活动应根据网站的授权范围，选择适当的方法和内容进行采集，并采取适当的服务方式，力求将风险降至最低。

1）充分研究网站版权声明

网站的版权声明中包含了大量的权利相关信息，图书馆应充分研究和利用网站的公开许可，明晰网站的著作权归属和图书馆侵权的界限。

2）协商获得网站授权

开展网络信息资源采集之前，图书馆可以基于长期保存和方便服务的角度，与采集网站进行协商，签订网络信息资源复制、保存、发布的许可使用协议。需要注意的是，即便获得网站权利人授权，图书馆仍需要审核协议网站是否有单个作品的转授权。对此，图书馆可循序渐进采集，首先选择那些对网站全部内容拥有完整版权的网站进行合作,最大程度上避免间接侵权风险;其次选择著作权意识较强、进行著作权筛查的网站开展合作。

例如,澳大利亚国家图书馆在得到了出版者和创建者的许可后,有选择性地对网络资源进行存档。图书馆在确定采集对象后,与出版者联系,以获得出版者的保存许可,这种模式可资借鉴。关于采集对象,在已经完成互联网信息资源缴存立法的英法等国,采集范围多为注册为本国域名的网站和其他主要面向本国公众或者与本国社会经济文化生活密切相关的其他域名网站(含在国外注册的网站)。

3)提供灵活适用的服务模式

在发布所采集的网络信息资源之前,图书馆应审查所有网页的权利情形,确保有权发布,并且根据不同的授权许可,提供面向互联网、局域网或者特定范围的服务模式。如果要对版权状态尚未明确的资源进行发布服务,建议仅以参考咨询服务等形式,提供对"点"服务。已经建立法定缴存制度的国家,其立法大都对采集保存后资料的利用设定了严格的条件。例如,丹麦在《出版资料法定缴存法》总则中规定,法定缴存机构只在符合版权法和保护私人信息法有关规定的前提下提供获取,实际操作中限制更为严格,目前仅可向基于学术研究和统计目的的研究人员提供读取,且事先须获得丹麦资料保护局的许可。

(3)争取立法与政策支持

立法支持是网络信息资源采集行为正当性的基本前提和必要保障。联合国教科文组织 2003 年颁布的《数字遗产保存指南》,在突出强调数字资源重要性的同时,指出应该有一个呈缴制度以保证数字文化遗产的保护。世界上很多国家和地区都已制定一些政策和措施,对数字出版物的缴送进行规范和保障,且一般将采集主体规定为本国国家级图书馆。据 2011 年英国国家图书馆对数字出版物法定缴送情况的调查显示,21 家(40%)国家图书馆已经有

允许收割网络资源的相关立法,30 家(58%)到 2012 年 6 月前有立法。网络资源提供的访问方式有 4 种:

①"待开放资源库"(dark archive):只在特殊允许的条件下才可以访问。例如,国家图书馆(如澳大利亚和美国)的"网络存档"项目中收割的网络资源,或由于个人信息的问题(如挪威)不能提供开放访问。

②只允许国家图书馆的授权用户或注册用户在馆区内访问(如法国和德国)。英国对一个网站只允许一个并发用户访问。

③任何人都可在国家图书馆的馆区内使用资源(如澳大利亚、加拿大和芬兰)。

④存档的网络资源可免费在线利用。这主要是那些选择性地搜集的网络资源得到了网站所有者许可的情况下(如英国、澳大利亚、日本、韩国和新加坡等)。[①]

(4)加强网络信息资源采集内容遴选

网络资源具有形式多样、链接信息含量大的特点,在经济利益的驱动下,很多网页内容鱼龙混杂,如果图书馆不针对所采集的内容进行严格遴选,将降低采集和保存内容的价值,并有可能因发布存在不适宜图书馆传播信息网页招致严重的负面影响。因此,建议图书馆严格控制采集信息来源,加强对网络资源采集的人工干预,对信息资源仔细遴选后再提供发布。

2.4 网站建设

图书馆网站建设中,通常包括网页本身建设和网页内资料的建设。对于网页内资料的建设中存在的版权问题,本书其他章节

---

① Dame Lynne. British Library International Survey on E - Legal Deposit 2011: Summary of Findings[R/OL]. [2012 - 02 - 20]. http://www. cdnl. info/2011/pdf/e_2Dlegaldeposit_20survey_20CDNL_20Slides_20Aug%20[Compatibility%20Mode]. pdf.

进行了详细论述,本节主要就网页本身建设中存在的版权问题展开论述。网页所采用的图形、色彩和框架结构通常都体现了设计者的特有构思,具有独创性,所以,网页本身也应作为一个独立的作品受到法律保护。

2.4.1 案例分析

【案例:重庆某公司诉某快餐公司网站抄袭案】

2005 年 1 月,重庆某科技有限公司制作了网站并进行了版权登记。同年,该公司发现某快餐有限公司在其网站上大量抄袭自己的页面风格与布局,遂诉至法院,成为重庆市首例网页著作权侵权案,并作为当年的经典案例被媒体广为报道。法院审理认为,网页内容的选择和编排具有独创性,符合我国著作权法保护的作品要件,应当予以保护。判决侵权企业停止非法行为,并赔偿损失。①

本案例肯定了网站网页具有独创性,且有形可复制,具备作品的全部要件,受《著作权法》保护。在建设数字图书馆网站的过程中,可能会涉及网页设计作品的版权问题。

2.4.2 侵权风险分析

(1)网站的著作权归属

网站在设计开发、内容选择编排过程中会形成新的作品,由此产生的著作权归属需要具体分析。如果由图书馆自己设计开发,则对网站形成的新作品享有版权;如果由委托他人设计开发,要根据委托合同的具体约定来判断权利归属,若未约定,根据我国合同法与《著作权法》的规定,相关著作权归受托开发方所有。

(2)侵犯信息网络传播权的风险

① 重庆:抄袭网页基本布局风格构成侵权[EB/OL].[2013-04-01].http://news.xinhuanet.com/tech/2006-08/05/content_4921548.htm.

数字资源检索系统是图书馆的数字资源综合检索平台，很多图书馆利用该类系统将图书馆购买的资源和自建数字资源进行有机整合，可以帮助用户便捷查找图书馆购买与自建资源，并可根据权限对检索结果进行浏览和下载等。同时，检索系统通常还会集成馆际互借和文献传递等扩展服务，极大地丰富了查找文献的途径，能够更加便捷地为读者提供学习和研究所需的信息资源，从而提高利用信息资源的效率。然而，建设数字资源检索系统需要根据图书馆所拥有的权限开展，特别是对于图书馆自建资源，需要考虑是否属于《著作权法》保护范围，是否获得授权等，进而采用适当的方式显示检索结果，否则将会面临侵犯作品信息网络传播权的风险。

(3)因避开或破坏技术保护措施而侵权的风险

对于外购资源的检索，需要考虑购买合同中是否明确检索系统链接的层级，是否许可读者下载等。如果图书馆避开或破坏技术保护措施进行链接检索或下载，则会侵犯权利人和资源提供商的相关权利。

2.4.3 风险防范建议

图书馆在网站建设过程中，既要防止图书馆网站不被恶意抄袭，也要在设计的过程中避免侵犯其他网站的相关权利。网站各级页面的底端都应设定版权所有标识，并且需要明确网站的版权声明。对于委托他人开发设计的图书馆网站，建议图书馆通过委托合同明确约定网站的著作权归图书馆所有。

在建设数字资源检索系统过程中，外购资源的检索情况要遵循图书馆和资源提供商之间的购买合同约定，而自建资源的检索结果展示要依照资源本身的权限范围。

3 图书馆数字资源服务中的版权问题

数字图书馆服务的方式除了普通的网页浏览外,还包括:数字文献的在线阅览、虚拟参考咨询、数字文献传递、在线展览、在线讲座、知识导航、多媒体服务等。较之传统图书馆,数字图书馆提供的数字资源服务面临的重要问题,是如何能够保障用户能够更大程度的利用信息资源,并且兼顾平衡作品著作权人的各项权益。

3.1 外购数字资源服务

3.1.1 案例分析

【案例1:某图书馆涉嫌过量下载外购数据库】

近年,国外某数据库发现国内某图书馆相继发生部分读者使用自动下载工具过量下载数据,因此,该数据库提供商对该图书馆提出严重警告,并封锁了该图书馆的IP地址,暂停提供下载服务。

该案例中由于读者过量下载的过错,使得图书馆的外购资源无法利用,这是由于通常数据库商在与图书馆签订使用协议时,都会明文规定适用范围、权限以及单位时间内的下载量等,如出现过量下载等现象,数据库商根据约定有权暂停该用户的使用权。并且图书馆可能承担侵权连带责任。

【案例2:某大学图书馆《校园网电子资源的使用规定以及违规使用行为的处理办法》】

某大学图书馆的《校园网电子资源的使用规定以及

违规使用行为的处理办法》中规定："为维护校园网电子资源的正常、有序使用，保护学校及校园网电子资源出版商的合法权益，学校根据相关规定，将以下行为归于校园网电子资源的违规使用：

连续、集中、大批量下载电子资源（超过了正常的阅读速度，如在一小时内下载量超过百篇以上的均属于违规操作；违规操作的判断通常以出版商提供的违规使用报告为准）。

使用软件工具下载电子资源。

将所获得的文献提供给校外人员，并进行非法商业性牟利。

私自向其他任何非法用户提供代理服务或大批量的文献传递。

将电子资源的合法使用权限再提供给其他任何非法用户使用（如将校园网账号租给校外人员使用）。

其他不符合中国知识产权法的非法使用行为。"①

3.1.2 侵权风险分析

图书馆的外购数据库一般是指由数字资源提供商已经完成开发建设的数据资源库，图书馆购买其使用权后，必须在授权许可的范围内进行使用。如果出现图书馆读者过量下载，或者图书馆超越使用权限提供服务的情况，即图书馆出现违约行为，也是侵犯作品复制权、信息网络传播权等相关版权的行为。

3.1.3 风险防范建议

（1）细化采购合同

图书馆在签订采购合同前，建议评估自身的风险处理时间，制

① 校园网电子资源的使用规定以及违规使用行为的处理办法[EB/OL].[2013－03－24].http://lib.pku.edu.cn/portal/fw/rgzn/guizhangzhidu/notice12.

订图书馆的风险防范预案,然后在合同中细化数据库商发现违规使用的通知义务,要求给予图书馆必要的合理时间处理发现的问题。

(2)明确版权声明

图书馆对于外购资源,需要根据与数据库商签订的协议,制定相应的管理办法或版权声明,在图书馆醒目的位置或者在图书馆使用数据库的网页中向读者明示,让读者了解具体的使用方法与使用范围,并且严禁越权使用,以避免图书馆陷入侵权的连带责任中。

(3)尽到注意义务

图书馆可以通过技术手段对本馆 IP 流量进行管理,发现异常情况应及时处理。另外,一旦发现外购资源中存在侵犯著作权的作品,应及时启动“通知和删除”程序避免侵权扩大化。

(4)提高版权意识

图书馆需要通过向馆员和读者开展保护知识产权的相关培训,宣传和普及版权保护的知识,提高馆员和读者的版权意识。

3.2 自建数字资源发布服务

3.2.1 案例分析

【案例1:董某诉北京某公司侵犯著作权纠纷案】

北京某公司受中国某研究所委托,制作并出售“中国学位论文全文数据库”,其中未经作者董某许可收录了其撰写的博士论文,被诉至法院。经法院审理认为,作者系涉案学位论文的著作权人,国务院学位委员会办公室确定中国某研究所为自然科学方面的博士和硕士学位论文文献库建立单位,其所建立的学位论文文献库应仅限于保管相关学位论文并供各单位查阅使用之目的,且论文作者的学位授予单位无权授予数据库收录并使用论文。因此，该公司将涉案论文收录入学位论文数据库，并向用户提供该数据库使用于用户内部局域网，且系用于商业之目的，已涉及对涉案论文的复制权、汇编权、发表权和信息网络传播权的侵害。①

【案例2:宋人文集数据库】

国家图书馆自建的宋人文集数据库，精选国家图书馆所藏宋人文集善本二百七十五部，首选宋元刊本，次及明清精抄精刻，或经名家校勘题跋之本，通过缩微胶卷还原数字影像，并辅以详细书目建成全文影像数据库，呈献给公众利用。

案例1涉及未发表作品建设数据库的问题，同时涉及学位论文授予单位和学位论文法定保存单位的权限问题，该案认定，学位论文的作者拥有著作权，无论是论文授予单位还是保存单位，是否公益性使用，如果要传播该作品，都应该取得著作权人的授权。因此，该案对收藏有大量学位论文的高校图书馆和国家指定的学位论文收藏单位在如何合理利用该类型资源方面有借鉴意义。案例2中的数据库是国家图书馆利用版权已经进入公有领域的馆藏资源进行数字化加工、整合和发布的数字资源，对这些馆藏资源进行选择和编排，使得数据库成为新的汇编作品，这类汇编作品的相关著作权属于图书馆，可以提供发布服务。

3.2.2 侵权风险分析

(1)侵犯发表权的风险

图书馆在自建数字资源时，如果使用了未发表的非正式出版物，例如学位论文、学术资料等，将会涉及这些作品的发表权。根据《著作权法》第十条的规定“发表权，即决定作品是否公之于众的

① 董某诉北京某数据股份有限公司侵犯著作权纠纷案[EB/OL].[2013-03-24].http://www.law-lib.com/cpws/cpws_view.asp? id=200401257916.

权利”。作品是否发表属于著作权中的人身权利，权利属于作品的著作权人，而图书馆作为作品的收藏单位或保存单位，并没有发表作品的相关权利，一旦将这些作品建设为数据库提供发布服务，将内容公之于众，则将严重侵犯相关著作权人的发表权。

（2）侵犯信息网络传播权的风险

图书馆如果利用未进入公有领域或者未授权作品建设数据库并提供发布服务，将会存在侵犯作品信息网络传播权的风险。通过图书馆的网络提供作品，不同于图书馆提供纸质文献阅览服务的职能，公众可以在任何地点、任何时间，通过与网络相连接的计算机使用作品，这种传播方式将直接影响著作权人的相关利益。

（3）侵犯汇编权的风险

图书馆自建数字资源通常是对于有权利传播的馆藏作品进行数字化后，通过信息网络向读者传播的情形。根据《著作权法》第十四条规定“汇编若干作品、作品的片段或者不构成作品的数据或者其他材料，对其内容的选择或者编排体现独创性的作品，为汇编作品，其著作权由汇编人享有，但行使著作权时，不得侵犯原作品的著作权”。如果图书馆在建设数据库时，独创性的选择或编排作品，则数据库属于新的汇编作品，图书馆对数据库本身享有相应的著作权。根据《著作权法》第十条的规定“汇编权，即将作品或者作品片段通过选择或者编排，汇集成新作品的权利”，作品的汇编权是归属于著作权人的，图书馆在利用馆藏作品自建数据库时，需要甄别原作品是否不在权利保护期或者已获得授权。如果利用了处于版权保护期内且并未获得授权的馆藏作品，则存在侵犯作品汇编权的风险。

（4）侵犯版式设计权的风险

图书馆在使用馆藏作品自建数字资源时，还需要考虑作品的版式设计权。版式设计权是我国《著作权法》赋予出版者的一项重要邻接权。因此，图书馆在利用近十年内的作品自建数据库开展服务时，如未获得授权，将存在侵犯版式设计权的风险。

3.2.3 风险防范建议

(1)利用公有领域作品

图书馆对于确定已进入公有领域的馆藏作品可以进行数字化加工整合,进而提供全文发布服务,这些作品的著作权中的财产权已过保护期,但仍然需要保护作品的署名权、修改权及保护作品完整权。

(2)利用著作权例外

对于明确仍处于权利保护期的作品,原著作权人仍享有完全的人身权和财产权,图书馆无论是否因公益性目的开展发布服务,都需要取得著作权人的相关授权,并不能随意复制和传播。《信息网络传播权保护条例》第七条虽然规定了图书馆等信息服务机构对本馆馆藏有一定服务权利,但一方面限定了服务的内容范围,另一方面严格限定了服务空间范围,即仅面向馆舍内服务对象提供。

(3)利用版权捐赠作品

对于图书馆获得数字版权捐赠或许可使用的作品,可以提供发布服务,但需要严格遵循授权期限和授权范围,对于权利到期的作品需要及时下架或在到期前与权利人续签授权合同。

(4)获取版权授权

对于上述不能依据法律法规提供服务的作品,图书馆需要取得著作权人的授权,如果涉及近十年的作品,还需得到作品版式设计权人,即出版者的许可。同时还要注意保护作者的署名权、修改权及保护作品完整权。

(5)提供书目服务

对于版权状态不明或没有获得授权的自建数字资源,图书馆暂不提供全文服务,仅提供篇名、目次或摘要数据。对于不能提供发布服务的作品,图书馆可以声明,例如“未获作者及出版社授权,无法提供在线浏览,敬请谅解”。

(6)保护自有权利

在自建资源形成汇编作品时,图书馆需要提高保护自有权利意识,通过各种技术保护措施避免用户非法下载,加强数据库维权意识,积极应对各类侵权事件,并通过合法途径进行权利救济。

3.3 虚拟参考咨询和文献传递服务

3.3.1 案例分析

【案例1:美国数字参考咨询服务 CDRS】

美国国会图书馆与 OCLC 合作的全球参考咨询服务于1999年秋季开始,服务名称为合作数字参考咨询服务(Collaborative Digital Reference Service ,CDRS),目前发展为新的虚拟参考咨询系统 Question Point。在 CDRS 试运行的第一个月,成员馆间就交换了300多个咨询问题,创造了一个实际的参考平台,这个平台跨越了3个大洲和15个时区。CDRS 现在的成员馆包括全世界的公共图书馆、大学图书馆等机构。北京大学图书馆、清华大学图书馆也于2002年参加到这一虚拟参考系统中。[①]

【案例2:国家图书馆虚拟参考咨询平台与文献提供服务】

国家图书馆牵头建立了全国图书馆信息咨询网,以中国国家图书馆为主,建立网员制咨询服务协作关系,提供国内外的图书馆动态、网上咨询(有咨询案例库),目的是通过图书馆间的优势互补,共同创造一个良好的信息服务环境,实现文献信息和参考咨询人才资源共享以及全国图书馆界的合作。国家图书馆的文献提供中心是以国家图书馆馆藏资源和各类数据库为基础,以其他图书

---

① The Collaborative Digital Reference Service(CDRS)[EB/OL].[2013-04-10]. http://www.dlib.org/dlib/june00/kresh/06kresh.html.

馆和各个情报机构为外延,由专业图书馆员帮助读者检索所需要的文献资料,并以复制服务为中间环节,通过邮寄、快递、网上传递(Ariel、E-mail、FTP)等形式最终实现文献传递服务。它是将用户所需的文献复制品以有效的方式和合理的费用,通过互联网直接或间接传递给用户的一种非返还式的文献提供服务。

【案例3:某高校图书馆关于馆际互借的版权声明】

某高校图书馆在版权声明中提出,“用户在使用某大学图书馆馆际互借处提供的文献时,必须遵循中华人民共和国有关的版权法,仅为个人学习、研究、教学或欣赏之用,不得直接用于以盈利为目的的活动中。用户在申请使用馆际互借服务时,即被认为接受以上版权要求,并将遵守以上版权要求。”①

3.3.2 侵权风险分析

(1)虚拟参考咨询服务

虚拟参考咨询是在网络环境下,咨询馆员及时解答读者在利用图书馆资源、网络信息资源、数字资源等过程中遇到的问题。图书馆员开展咨询服务过程中,所利用的信息资源有很多种,当利用外购数据库和自建数据库时,所涉及的法律问题类似于上述数字资源发布服务时的版权问题,在此不再赘述。

(2)网络舆情监测服务

网络舆情监测是虚拟参考咨询服务中的一种形式,即根据政府机构和企业的需求,通过对国内外平面媒体和国内外互联网传播的公众对现实生活中某些热点、焦点问题所持的有较强影响力、

① 北京大学图书馆. 版权声明[EB/OL]. [2013-03-24]. http://lib.pku.edu.cn/portal/fw/gjhj/banquan.

倾向性的言论、观点、数据的一种监视和预测行为，[①]包括媒体监测、分析报告和行业信息。舆情监测服务需要大量地利用网络信息资源，然而网络上经常会有已经被人恶意删除权利管理信息或者技术保护措施的作品充斥其中，如果提供服务时未能及时对所用信息仔细甄别，该项服务必将带有严重的法律瑕疵，可能损害权利人权益。鉴于图书馆无权对读者的信息使用行为进行追踪，所以必须保证提供信息的合法性，尽到充分的注意义务。

(3)文献传递服务

文献传递服务是指由信息提供者将储存信息的实体（不论任何形式）传递给使用者的活动。[②] 本书论述的文献传递仅指数字图书馆服务中的文献传递，是以图书馆馆藏资源和各类数据库为基础，以其他图书馆和各个情报机构为外延，由专业图书馆员帮助读者检索所需要的文献资料，并以复制服务为中间环节，通过网络传递给读者。图书馆在进行文献传递过程中涉及对文献的复制、扫描、拍照等行为，涉及作品的复制权问题，尤其是对于仍然在权利保护期的作品和未发表的学位论文等，在使用的时候需要极其谨慎。

3.3.3　风险防范建议

(1)尊重汇编作品相关权利

图书馆员对于咨询过程中产生的汇编作品行使著作权，不能侵犯原作品的著作权。同时，要提醒咨询的读者对于该汇编作品的使用既要尊重汇编作品的著作权，也要尊重原作品的著作权。一旦发生侵权，应配合相关部门，协助权利人对侵权行为进行调查处理。

---

① 曹远亮，柳炳祥，熊一兵. 网络舆情监测在企业危机管理中的应用[J]. 法制与社会，2010(13)：204－205.

② 陈益君，谢敏. 图书馆文献传递服务工作的现状、问题与对策[J]. 大学图书馆学报，2006(6)：44－48.

(2)尊重网络作品相关权利

在参考咨询服务中,图书馆针对不同用户的特殊需求,帮助用户收集相关信息资料,并按照用户要求的格式和手段提供给用户使用,此时图书馆提供的并不是文献资料本身,而是给予用户提供收集信息的劳务服务。建议图书馆可以在用户服务协议中明确约定,本馆提供的是文献的检索和整理服务,并不负责解决所提供文献的版权问题,且明确约定使用范围、违约责任。同时,在服务网页和服务过程中强调版权声明,提醒用户应在合理使用的范围内使用受版权法保护的作品,如果使用作品超出著作权法规定的合理使用的范围,应当自行取得著作权人的许可。

(3)尽到合理注意义务

建议图书馆在数字文献提供服务的网页和提供服务过程中强调版权声明,要求读者签订格式委托单,承诺在合理使用的范围内,即仅限于个人学习、研究或者学校课堂教学、科学研究范围内使用受版权法保护的作品;如果使用作品超出著作权法规定的合理使用的范围,应当自行取得著作权人的许可;如果违法使用作品造成侵权的,读者应当承担侵权责任。并且图书馆对于读者签名的版权承诺需要留存一定周期,一旦发生侵权,可以作为抗辩证据配合相关部门,协助权利人对侵权行为进行调查处理。

3.4 在线展览、在线讲座服务

3.4.1 案例分析

【案例1:中国记忆项目】

中国记忆项目由国家图书馆于2013年4月正式启动,旨在整理中国现当代重大事件、重要人物专题文献,采集口述史料、影像史料等新类型文献,收集手稿、信件、照片和实物等信息承载物,形成多载体、多种类的专题文献资源集合，并通过在馆借阅、在线浏览、多媒体展览、专题讲座等形式向公众提供服务的文献资源建设与服务项目。

【案例2：国家图书馆在线讲座】

国家图书馆在线讲座是国家图书馆面向社会、面向大众推出的双休日学术文化系列讲座。以国家图书馆宏富的馆藏为基础，加之学术界的广泛支持，主讲人或为德高望重、岳峙渊清的学界前辈，或为风华正茂、学术精到的学术中坚、国内外著名专家学者莅馆开讲，深入浅出地讲授他们毕生研究的菁华。作为中华民族优秀文化典籍的收藏单位，国家图书馆面向公众推出精选的讲座视频资源，期望让更多的优秀文化为大众所共享。

3.4.2 侵权风险分析

图书馆的在线展览与在线讲座能否在互联网上服务取决于是否取得权利人的相关授权。

(1)在线展览

如果展览作品本身为数字作品，则需要事先取得权利人授权，包括信息网络传播权和展览权，才能将相关作品在线展出；如果本身并不是数字作品，涉及对本馆所收藏的作品进行数字化加工，则应根据使用内容和使用形式事先取得相关作品的复制权、展览权和信息网络传播权使用许可。

(2)在线讲座

讲座服务包括静态讲座和实时直播的讲座，图书馆通常需要通过与讲座者签订授权书的方式，获得信息网络传播权的相关授权，然后对培训和讲座进行拍摄、编辑、整合及镜像等操作，并通过互联网向大众提供服务，进而获取录音录像制品的相关权利。

3.4.3 风险防范建议

(1)考虑授权范围

在与权利人签订授权合同时,需要考虑到图书馆今后即将开展的业务,例如移动数字图书馆项目、数字电视项目等,在合同中将相关渠道的使用权利细化。

(2)遵照合同约定

签订授权合同后,图书馆需要严格遵照授权范围和授权期限提供在线服务,一旦授权合同到期,需要及时续约后才能继续提供服务。

(3)遵循"通知与删除"义务

根据我国《信息网络传播权保护条例》第十五条规定的处理侵权纠纷的"通知与删除"简便程序,图书馆如果存在侵权展品或讲座,接到版权人的通知后,应立即删除涉嫌侵权的作品,否则将构成共同侵权。

3.5 网络资源导航

3.5.1 案例分析

【案例:重庆某图书馆涉嫌侵犯著作权案】①

2007年2月,北京某版权代理有限公司与涉案作品原始著作权人签订版权转让合同,依法受让取得了涉案作品除署名权、影视改编权以外的著作权。该公司发现重庆市某区图书馆通过江西新余电信网站链接了涉案的内容,统计数据显示此文的累计免费阅读人次为37次,遂诉至法院。法院经过分析该图书馆涉案链接的形式,

① 案例来源于北大法宝数据库。

认定该图书馆的行为属“深度链接”，即设链者将被链接对象的网址“埋”在自己的网站(网页)中，网络用户并不一定知道设链者网站(网页)同其他网站(网页)建立了链接。判定该图书馆的链接行为构成侵权，并且认为该图书馆在主观上应当知道其行为构成侵权的可能性，但未尽到注意义务，在未审查涉案作品是否构成侵权、未得到作品权利人许可的情况下，直接通过网络链接而使用涉案作品，侵犯了权利人的信息网络传播权和获得报酬权。因此，法院从主观和客观两方面认定该图书馆依法应承担相应的民事责任。

案例说明了图书馆如果采取“深度链接”的方式导航到其他网站(网页)，以普通用户的知识程度和阅读习惯无法知道链接了其他网站(网页)，导致误以为是图书馆网站本身提供的内容，那么将有可能承担侵权风险。

3.5.2　侵权风险分析

(1)共同侵权风险

知识导航是利用超级链接方式，按照分类、主题、学科、信息资源类型等导航方式，向用户提供多角度可检索的揭示系统，使网页展现多元化的、交互式的、动态的数字化信息资源环境。通常的浅链，仅仅是显示链接网址，以及对网站进行一些简要介绍并不涉及版权问题。但如果图书馆链接到侵权网站，则应该根据我国《信息网络传播权保护条例》第十五条规定的处理侵权纠纷的“通知与删除”简便程序，在接到版权人的通知后，应立即删除涉嫌侵权的作品或者断开与该作品的链接，否则将构成共同侵权。

(2)“深度链接”的侵权风险

如果采用“深度链接”的方式进行知识导航，即在网站中直接链接到目的网站的二级页面中的具体资源，导致用户普遍误认为链接内容是网站本身的内容，那么将有可能承担侵犯著作权的风险。特别是在采取加框技术的情况下,即设链者将链接网页变成自己网页框架内的一个窗口,使得用户打开链接后,浏览器地址栏里仍然是设链者的域名,用户无法知道链接的存在,该情形可能侵犯著作权人的署名权、保护作品完整权和信息网络传播权。

3.5.3 风险防范建议

(1)谨慎开展导航服务

图书馆开展知识导航服务前,需要谨慎选择链接网站,尽量选择政府机构网站、事业单位网站或有公信力的网站,避免选择商业性网站或无公信力的网站。同时,避免采用技术手段进行深度链接,侵犯相关权利。

(2)遵循"通知与删除"义务

图书馆制作的知识导航中,如果是普通链接,出现链接的是侵权网站,则需要在接到版权人的通知后,立即删除涉嫌侵权的作品或者断开与该作品的链接;如果需要对一些网站建立深度链接,则需获取目的网站的相应授权。

3.6 网络资源转载

3.6.1 案例分析

【案例:环球网关于网络转载的版权声明】

环球网的服务条款中明确说明,"环球网定义的网络服务内容包括:环球网提供的文字、软件、声音、图片、录像、图表、广告中的全部内容、电子邮件的全部内容以及环球网为用户提供的其他信息。所有这些内容受版权、商标和/或其他财产所有权法律的保护。所以,用户只能在环球网和相关权利人授权下才能使用这些内容,而不能擅自复制、发布、转载、播放、改编、汇编或以其他方式使用这些内容或将该等内容用于其他任何商业目的”;“本网未注明‘来源:环球网’或‘环球时报’的作品均为转载稿,本网转载并不意味着认同其观点或真实性。如其他媒体、网站或个人转载使用,请与著作权人联系,并自负法律责任”。①

该网站声明网站内容不能擅自转载,所以,如果图书馆需要转载环球网中的任何内容都需要获得该网站的授权。此外,由于该网站存在转载其他来源的作品行为,如果图书馆需要转载这些转载的作品,那么还需要获得转载作品的权利人授权。

3.6.2 侵权风险分析

图书馆的擅自转载行为不仅可能侵犯网站的著作权,也可能侵犯其他人的著作权。如果转载的内容本身存在侵权问题,那么图书馆通过转载发布会间接侵犯其他著作权人的权利,并且扩大了权利人的损失,进而被追究责任。在这种情形下,侵权风险的不确定性增大,侵犯的权利可能涉及著作财产权和人身权,同时也涉及表演者权、录制者权、出版者权等邻接权。例如,发布该网站转载但不标注作者信息的文章,将侵犯作者的署名权;发布该网站没有获得表演者同意向公众传播的表演,将侵犯表演者权。

3.6.3 风险防范建议

(1)明确转载内容的版权归属

图书馆在转载网络资源时,除了不受著作权法保护的作品外,都需要明确被转载内容的版权归属。

(2)遵循网站的版权声明

图书馆对于需要利用的网站,必须了解网站的版权声明内容,对于网站中明确声明不得转载的,除非获得授权否则图书馆不能

① 环球网版权证明[EB/OL].[2013-04-03].http://corp.huanqiu.com/terms/.

转载。对于可以转载的作品,尽量保护作品完整权,不歪曲、不篡改,并且应当注明作者姓名、作品名称和出处。

(3)遵循“通知与删除”义务

图书馆转载的内容在接到权利人涉嫌侵权的通知后,应该及时删除涉嫌侵权的作品,彻查清楚后再决定是否恢复服务。

3.7 弱势群体服务

3.7.1 案例分析

【案例:中国盲人数字图书馆】

2008 年,国家图书馆与中国残联信息中心、中国盲文出版社等合作共建了中国盲人数字图书馆(网站域名为:www.cdlvi.cn),利用国家图书馆宏富的馆藏资源,以盲人及其他视障人士能够感知的独特方式,根据其爱好和特点,以文字作品、音频作品等方式向其推送符合其需求的数字资源。中国盲人数字图书馆倡导和实践信息无障碍理念,遵循国际标准,集合先进技术,利用盲用读屏软件为盲人、视力有障碍人群、认知能力有障碍的残疾人提供多种获取网上信息的方式。该网站通过法律法规中的“合理使用”条款,为弱势群体提供了更多的数字资源服务。

3.7.2 侵权风险分析

(1)合理使用范围扩大的风险

图书馆建设数字图书馆为弱势群体服务,如果对弱势群体的范围不加限制,则会导致非弱势群体利用这些资源牟利,侵犯作品著作权人的相关权利。根据《信息网络传播权保护条例》第六条规定,通过信息网络提供他人作品,属于不以营利为目的,以盲人能够感知的独特方式向盲人提供已经发表的文字作品,可以不经著作权人许可,不向其支付报酬。《中华人民共和国残疾人保障法》第四十一条规定:“国家保障残疾人享有平等参与文化生活的权利。各级人民政府和有关部门鼓励、帮助残疾人参加各种文化、体育、娱乐活动,积极创造条件,丰富残疾人精神文化生活。”第四十三条规定:“政府和社会采取下列措施,丰富残疾人的精神文化生活:(一)通过广播、电影、电视、报刊、图书、网络等形式,及时宣传报道残疾人的工作、生活等情况,为残疾人服务;(二)组织和扶持盲文读物、盲人有声读物及其他残疾人读物的编写和出版,根据盲人的实际需要,在公共图书馆设立盲文读物、盲人有声读物图书室;”这些规定明确了合理使用资源的对象必须限制在盲人等残疾人范围中。

(2)侵犯作品发表权的风险

图书馆对于提供给弱势群体的数字资源需要仔细选择,如果将未发表的作品通过特殊平台公布,即使设置了服务门槛,但也属于将未发表的作品公之于众,有可能侵犯到著作权人相关作品的发表权。

3.7.3 风险防范建议

(1)严格遵循法律法规

图书馆在对弱势群体提供特殊服务时,需要严格遵循法律法规的相关内容,包括:首先要保证公益性服务,不以营利为目的;其次,需要通过技术手段对非弱势群体进行限制,从资格上采取必要的用户认证方式来限制普通读者获取仍处于权利保护期的作品,避免普通读者利用弱势群体的服务侵犯著作权人的相关利益,防止不必要的侵权隐患;最后,仅向弱势群体提供已发表的文字作品。

(2)谨慎选择服务资源

图书馆对提供服务的资源进行谨慎选择,尽量避免选择未发表过的作品,例如未公开发表的学位论文、学术资料、名人手稿等。此外,尽量避免选择权利归属不明确的网络作品。

(3)采取技术保护措施

图书馆对于提供的数字资源,尤其是仍处于权利保护期的资源需要采取一定的保护措施,通过技术对作品进行加密使之被下载后无法被翻录盗版,防止借助弱势群体认证登录后获取资源以牟取不正当利益。

3.8 多媒体服务

3.8.1 案例分析

【案例:“国图空间”电视服务】

国家图书馆提供的“国图空间”电视服务,是国家图书馆与北京歌华有线电视网络公司合作的成果。该服务发挥国家图书馆资源和服务的优势,以馆藏为基础,针对不同年龄段与文化层次的收视群体规划特色栏目。目前包括百年国图、文津讲坛、书刊推荐、馆藏精品、经典相册、图说百科、少儿读物等内容。在制作和发布中应用多种国家图书馆自有知识产权的先进技术。

3.8.2 侵权风险分析

(1)侵犯信息网络传播权的风险

图书馆在开展任何多媒体服务,比如数字电视服务、手机图书馆服务等,都涉及所提供资源的信息网络传播权。依据《最高人民法院关于审理侵害信息网络传播权民事纠纷案件适用法律若干问题的规定》的规定,信息网络包括以计算机、电视机、固定电话机、移动电话机等电子设备为终端的计算机互联网、广播电视网、固定通信网、移动通信网等信息网络,以及向公众开放的局域网络。所以，图书馆如果需要通过广播电视、移动通信等渠道提供数字资源服务，使用仍处于权利保护期且未授权的作品需要获取信息网络传播权的授权，未授权即服务则会涉及侵犯信息网络传播权的风险。

（2）侵犯展览权的风险

图书馆对于未进入公有领域的摄影作品通过多媒体提供服务时，可能会侵犯作品的展览权，根据《著作权法》第十条的规定，展览权即公开陈列美术作品、摄影作品的原件或者复制件的权利。如果摄影作品涉及人物肖像，甚至会产生侵犯肖像权的风险。

3.8.3　风险防范建议

（1）甄别服务资源的版权状态

图书馆提供的多媒体服务均是以内容为基础，因此需要甄别服务资源的版权状态，对于进入公有领域或获取授权的资源可以通过多媒体技术提供服务，但对于仍处于权利保护期且无授权的资源不能随意扩大服务范围。应当对服务内容进行逐一分析，进行版权风险排除，例如：文字作品应当确定是否已经进入公有领域，如果没有则应当取得权利人的授权才能使用；摄影作品是否已经进入公有领域，如果没有则需要判断展览权归属问题以及肖像权等问题。

（2）严格遵循授权范围

图书馆对于数字资源应当用发展的眼光来对待，虽然目前的服务形式相对比较明确，但随着技术的飞速发展，提供服务的资源类型以及服务渠道都可能发生变化，每增加一种资源类型和服务方式，图书馆都要进行相应的排查，严格按照购买合同或授权合同在授权范围内提供服务。例如，某数据库签订的购买协议中规定，本数据库只能在图书馆的局域网中使用，即在物理馆舍内开展数字资源服务。那么就不能通过互联网、电视网络、通信网络等渠道提供使用。如果图书馆与权利人签订的合同中没有约定具体的使用权限和使用期限,建议与著作权人签订新的合同或者签订补充协议,明确地扩大使用范围,允许以其他终端方式使用相关资源,如电视、手机、触摸屏等。

4 图书馆数字资源版权管理实践

4.1 制定图书馆数字资源版权管理战略规划

4.1.1 案例分析

本节选取了8个有代表性的图书馆战略规划中的版权管理相关内容,以期为我国图书馆的数字资源版权管理战略规划的制定与实施提供有意义的参考。

表1 图书馆版权战略规划分析样本

序号	机构名称	国家或地区	类型	规划时间
1	国际图联(IFLA)	全球	图书馆协会	2010—2015年
2	欧洲数字图书馆(Europeana)	欧洲	专业图书馆	2011—2015年
3	美国图书馆协会(ALA)	美国	图书馆协会	2011—2015年
4	美国国会图书馆	美国	国家图书馆	2011—2016年
5	英国国家图书馆	英国	国家图书馆	2011—2015年
6	荷兰国家图书馆	荷兰	国家图书馆	2010—2013年
7	剑桥大学图书馆	英国	高校图书馆	2010—2013年
8	哥伦比亚大学图书馆	美国	高校图书馆	2010—2013年

【案例1:IFLA 2010—2015年版权战略规划】

表2 IFLA 2010—2015年战略规划(版权部分)①

战略方向	目标	首要工作
帮助图书馆实现其用户群体对信息的平等获取:对信息的平等获取是人类的一项基本权利。图书馆是辅助用户实现其信息权利的社会组织。IFLA将通过加强对图书馆的能力建设发挥这一作用。	为改善人类对信息的获取,促进知识的创造,IFLA将主要在以下几个方面开展工作:……宣传并确保人类对信息、思想和想象性作品的公平获取,平衡用户需求与创作者权利……	为使图书馆不断满足用户群体对信息的平等获取需求,IFLA将采取以下措施:……通过IFLA版权及其他法律事务(CLM)项目宣传并确保人们对信息、思想和想象性作品的公平获取,平衡用户需求与创作者权利……
代表IFLA全世界成员及用户的利益:IFLA以成员和用户的形式存在,并为其服务,代表着世界图书馆及图书馆联盟的呼声。	IFLA作为一个全球性联盟,包容多元文化和多种语言,不分国籍、残疾、种族、性别、地理位置、语言、政治信仰、种族和宗教,将在以下方面开展工作:……开展战略性联盟及合作,推动图书馆在知识社会的发展;激励成员并发起相关活动,促进在地区范围内图书馆社会价值的宣传与推广……	为体现IFLA全世界成员及用户利益,IFLA将采取以下行动:……积极争取对版权和知识产权的公平合理使用,促进全民信息自由获取……

① IFLA. IFLA Strategic Plan 2010 - 2015[EB/OL]. [2013 - 04 - 01]. http://www.ifla.org/files/hq/gb/strategic - plan/2010 - 2015. pdf.

【案例 2:欧洲数字图书馆(Europeana)2011—2015 年版权战略规划】①

2008 年,欧洲数字图书馆、博物馆与档案馆一体化组织——Europeana 正式对公众开放。

资源集成是我们正努力实现的目标,期望 2025 年公众可以访问到欧洲的全部数字化文化资产。

我们的目标是提供一种新的文化获取方式,激发创造性,促进社会发展和经济增长。为了实现这个目标,Europeana 及其利益相关者将面临巨大挑战。其中最主要的挑战来自智力成果数字化。如果 Europeana 不涵盖 20 世纪、21 世纪的文化资源,它就跟不上时代的步伐。因此,首先需要处理孤儿作品和权利协调的问题;其次,加速文化和智力成果的数字化进程;第三,确保资金的长期投入,即对 Europeana 和向其提供资源的内容提供者和集成服务者的资金投入。

Europeana 2011—2015 战略规划勾勒出了应对这些挑战的方法以及为利益相关者和用户创造价值的途径。在未来的 5 年中,Europeana 将重点关注于:

整合内容,从而构建开放、可信的欧洲文化资产资源库;

在文化资产领域中促进知识的转移、创新和传播;

用户访问不受时空限制;

采用新的方法鼓励用户参与文化资产建设。

Europeana 在 2011—2015 年继续将价值传递给相关利益群体,整合、促进、传播和参与将支持 Europeana 未来的发展方向和商业的成功。

① Europeana. Europeana 2011 -2015 战略规划[J]. 王莉亚. 图书情报工作动态, 2011(3):1 -9.

1. 整合

……通过与提供版权资源的特定提供商合作，将当代数字化资源与遗产资源整合起来，形成资源互补。

……

2. 促进

……不管是在文化资产领域，还是在政策制定者或者终端用户那里，Europeana 都扮演着传播的角色。由于社会和经济利益的推动作用，我们的整体目标是开放获取在线文化资产。

我们开展了一系列有利于持续获取的主题宣传活动，例如：开放商业模式、应用关联数据来扩展资源获取途径、永久标识符的重要性、优质数据的需求、访问障碍的排除、鼓励用户参与以及内容的有效复用。

主导主题是公有领域和孤儿作品。Europeana 正在积极构建公有领域的保护机制，公有领域知识依赖于创新和学习。Europeana 公有领域政策的发布、公有领域标识和知识共享协议的采用、公有领域作品使用指南的建立，都将有利于提高政策制定者、内容提供商和最终用户的著作权认知。

孤儿作品是 Europeana 特别关注的重点。20 世纪的很多内容在 Europeana 没有存档，而且最为流行的视听内容也是最稀缺的，Europeana 将继续解决由孤儿作品造成的一系列问题。我们将和 Europeana 委员会、成员国政策制定者、合作伙伴一起研究解决办法，例如共同许可、权利注册。

……

【案例3:美国图书馆协会2011—2015年版权战略规划】①

《美国图书馆协会2011—2015战略规划》的目标之一是宣传、资助和公共政策,其中的一项策略是"大力宣传图书馆的关键问题,如教育、知识自由、隐私、合理使用、文化遗产的长期保存、信息素养、公平获取、政府信息的永久免费公共获取"。

【案例4:美国国会图书馆2011—2016版权战略规划】②

《美国国会图书馆2011—2016战略规划》中提出的战略目标之一是:采集与保存全球知识及美国创造力的记录并提供获取。使国会和美国人民拥有有价值、实用性强,及现在、未来易于获取的知识馆藏。预期成果是使需要的文献被纳入馆藏中,其中,根据版权强制缴存规定,图书馆继续扩大电子作品的采集。为此,将采取分析媒介与信息获取、格式、内容和保存的发展趋势,促进与外部伙伴关于图书馆馆藏采集、处理和保存的合作,在全馆范围内普及关于著作权和许可实践方面的知识等措施。

【案例5:促进知识增长:英国国家图书馆2011—2015年版权战略规划】③

---

① American Library Association. American Library Association Strategic Plan 2011 - 2015[EB/OL]. [2013 - 04 - 01]. http://www.ala.org/aboutala/sites/ala.org.aboutala/files/content/missionhistory/plan/strategic%20plan%202015%20documents/cd_36.2_2015_strateg.pdf.

② Library of Congress. Strategic Plan: fiscal years 2011 - 2016[EB/OL]. [2013 - 04 - 01]. http://www.loc.gov/about/strategicplan/strategic_plan2011 - 2016.pdf.

③ British Library. Growing knowledge: the British Library's strategy 2011 - 2015[EB/OL]. [2013 - 04 - 01]. http://www.bl.uk/aboutus/stratpolprog/strategy/115/stratedy/115.pdf.

表3　英国国家图书馆2011—2015年战略规划(版权部分)

战略重点	目标	措施
为后代提供信息获取: 实现数字资源的长期保存,以此保证知识遗产的安全,方便后世科研人员使用。	完善原生数字资源的自愿呈缴与法定呈缴。	与媒体、出版商、法定呈缴图书馆以及其他相关机构合作,制定相关条例,确保2003年《图书馆呈缴法案》的顺利实施; 采集英国国内合法的或授权的免费网页; 依照制定的条例,使用可靠的技术方案,采集付费或公众访问受限的内容。
为愿意从事研究的人员提供信息获取: 我们期待那些对经济和社会有益的公有领域数字资源能够被用户发现、访问、下载、共享以及重新利用。但是,实现数字化获取存在多重复杂因素,例如:需要平衡用户需求与版权人之间的利益,确立公共服务的角色,摆脱“数字鸿沟”的干扰。我们认为若要实现公有领域资源访问,必须将公共服务与商业活动有机结合。	鼓励其他机构将我们的资源整合到其服务中。	与第三方签署多种协议,通过各种渠道访问我们的馆藏元数据和已过版权保护期的资源。
	对授权的数字资源提供更多的在线访问机会。	与出版商协商,通过各种模式提供馆外授权资源的访问(包括付费和免费访问),协调版权人与用户间的利益关系。

【案例6:荷兰国家图书馆2010—2013年版权战略规划】①

作为国家图书馆,我们希望向每个地方的每个人通过数字方式提供在荷兰出版的和与荷兰有关的文献获取。

主要目标有如下几个方面:

将1470年以来的所有荷兰图书、报纸、期刊数字化;

提供荷兰的所有数字出版物;

在有限的范围内收集关于荷兰的国际数字出版物;

签署版权协议以保证公众可以免费获取馆藏等。

在数字图书馆的建设方面,国家图书馆的目标是能向用户提供所有出版物,并且使用限制尽可能少。为了实现这一点,国家图书馆将与出版者和权利人组织开展密切磋商。

在2013年,我们将与荷兰出版社协会签署一个总协定,提供荷兰出版社的数字出版物和数字化出版物(包括孤儿作品)。

目前注册用户仅能在馆舍内获取e-Depot的资源,将来可以尝试与出版商达成协议,获得使荷兰所有的图书馆(及其用户)能获取这些数字资源的联合许可。

【案例7:剑桥大学图书馆2010—2013年版权战略规划】②

图书馆是一个重要的内容创建者,尤其是在我们的数字化项目中更是如此,我们已经在由学术界和学校行政部门创建的数字资源的馆藏、存储和保存方面发挥重要的作用。我们将会继续在学校机构知识库的管理当中以及在一个数字化保存项目中发展作用。

① National Library of the Netherlands Strategic Plan 2010 - 2013[EB/OL]. [2013 - 04 - 01]. http://www.kb.nl/bst/beleid/bp/2010/KBstratPl_print.pdf.

② Cambridge University Library. Working Together: a Strategic Framework 2010 - 2013 [EB/OL]. [2013 - 04 - 01]. http://www.lib.cam.ac.uk/strategic_framework.pdf.

在内容的开发与传播方面,我们的关键目标包括:

实施我们的数字化战略,寻找资助和捐赠资金的机会并且寻求合适的内部和外部的合作。创建支持教学的诸如考试论文、免版权的书以及电子论文等资源;

申明合法存储作为首要基础之一的重要性,我们的馆藏都基于此基础而建立,与出版商和其他合法的存储图书馆合作以通过第二立法及其实施来支持合法存储向数字出版物的扩展;

建立一些程序和技巧来管理我们所拥有或者掌握的资源的知识产权,以便促进该资源的使用。

【案例8:哥伦比亚大学图书馆2010—2013年版权战略规划】①

2006—2009年的战略规划中指出需要重点关注数字环境下研究和出版发生的变化,因此建立了版权咨询办公室。版权咨询办公室的任务是要解决好版权法与大学中的研究、教学、服务活动之间的关系。

2010—2013年将利用版权咨询办公室,增强校园中与知识产权、作者权利保护、开放存取出版等问题相关的意识。

4.1.2 操作建议

(1)认识战略规划重要性

现阶段,图书馆在数字资源开发利用、服务、长期保存等方面正面临着来自版权方面的严峻挑战,版权问题已成为数字图书馆建设与服务的关键制约因素之一。实施图书馆版权管理,有效规避版权侵权风险,最大限度地提高信息资源的开发利用效率,保障

① CUL/IS. Columbia University Libraries/Information Services (CUL/IS) Strategic Plan for 2010 - 2013[EB/OL]. [2013 - 04 - 01]. http://academiccommons.columbia.edu/catalog/ac:125219.

公众自由获取信息的权利,消除“信息鸿沟”,已成为图书馆在现代技术环境下谋求发展的重要一环。

从上述案例可以看出,目前越来越多的图书馆意识到版权管理的重要作用,并将其纳入图书馆的整体发展战略规划中。图书馆的战略规划是图书馆面向未来确定图书馆使命、愿景、目标、战略及其实施计划的思维过程与框架。战略规划对图书馆具有重要的价值,它不但可以引导图书馆应对变化、把握未来、规范组织行为、增强组织活力,而且能起到宣传图书馆的作用。[①] 图书馆数字资源版权管理战略规划是指图书馆对其在数字资源建设、存储、服务和长期保存等过程中所涉及的版权问题及其解决方案进行的战略指导和规划。它是一个纲领性文件,主要用来指导图书馆数字资源建设与服务中的版权工作,进而实现图书馆的使命和目标。制定图书馆数字资源版权管理战略规划,是解决版权问题的一种策略性方法,其意义和价值在于:

①数字图书馆解决版权问题的重要策略。图书馆在国家文化发展中起着非常重要的作用,它是保障社会公众获取知识、享受普遍均等的信息服务的有效途径。但图书馆的建设,尤其是数字图书馆的建设尤其应当重视版权保护和合理利用之间的关系。目前的《著作权法》和《信息网络传播权保护条例》中关于图书馆合理使用与法定许可的条款有限,并不能满足社会公众对于知识的需求,因此制定相应的版权战略,提升版权管理的战略地位,是合理有序地解决相关的版权问题的重要保障。

②梳理版权及其相关知识产权问题的良机。图书馆资源建设和服务中存在很多版权问题,制定版权战略是梳理这些版权问题的良好机会,加强图书馆内部各部门的参与,也能在资源建设与服务过程中避免侵犯他人的相关权利,同时能够更好的保护图书馆自有知识产权的资源。

---

① 孙坦. 国外图书馆战略规划研究[J]. 图书馆建设, 2009(10): 82.

③员工和用户认识和理解版权的有效方式。宣传和实施版权战略的过程,可以增强员工对于版权制度的认识,同时对用户进行相关知识的教育,也是尽到图书馆合理注意义务、规避侵权风险的一种有效方式。

(2)遵循战略规划制定程序

无论是单独制定数字资源版权管理战略规划,还是将其纳入图书馆整体战略规划中,都可遵循图书馆战略规划制定的一般程序与内容框架设计。

Bryson J. M. 将图书馆战略规划程序描述为 7 个步骤:发起和同意战略规划程序;识别组织任务;阐明组织使命、任务和价值观;评估外部环境以明确机遇和挑战;评估内部环境以明确优势和劣势;确定战略重点;设计规划方案,实现战略重点。[①] 赵益民认为,图书馆战略规划流程设计包括图书馆战略规划的组织保障环节、目标确立环节、方案拟订环节、文本编制环节。[②] 本节选取其中的关键步骤加以解析,包括:分析战略环境与组织定位,确定版权管理战略目标;制订版权管理战略目标和版权管理战略实施方案;编制版权管理战略规划文本。

1)分析战略环境与组织定位,确定版权管理战略目标

分析图书馆所处的战略环境与其组织定位,是明确战略目标、设计实施方案的前期基础与必要依据。

• 分析图书馆所处的宏观环境,包括政治、经济、文化、技术等各个领域目前的情况与未来的发展态势。剑桥大学图书馆指出:"信息资源的分发和传递在这个技术变化的时代正在得到快速的改变。用户越来越期望无缝的知识发现,期望获得无障碍地链接网上全文的能力以及在他们自己的工作场所重新使用资源的权

① Bryson J. M. Strategic Planning for Public and Non - Profit Making Organizations [M]. San Francisco: Jossey - Bass, 1988:46.

② 赵益民. 图书馆战略规划流程研究[M]. 北京:国家图书馆出版社,2011: 125.

利。我们的馆藏发展政策将会更加完善以反映日益改变的需求。”[①]这也是目前图书馆界面临的整体宏观环境。

• 对图书馆的内部环境进行分析、预测和评估。评估图书馆的内部环境，要了解主管部门及相关部门的支持力度、馆员的态度、本馆所拥有的资源及经费对图书馆的影响等一系列因素，利用SWOT方法评估并分析本馆的优势（Strength）、劣势（Weakness）、机遇（Opportunity）与挑战（Threaten），以作为制定战略计划的参考。[②]例如，荷兰国家图书馆在描述图书馆版权管理所面临的挑战时提到，“为了满足用户日益增长的资源需求，图书馆与商业机构（如Google）都在大规模地开展文献数字化工作。这方面主要受到经费和版权的限制。版权的挑战来自于很难一一确认和识别每一个作品的法定版权持有人”，针对这一挑战，荷兰国家图书馆在战略规划中的解决方案是与出版商协会签署版权协定，解决海量作品的授权难题。[③]

• 明确本组织的性质、核心服务对象、主要服务内容与范围、本馆的社会责任和形象以及自身使命等。例如，图书馆行业协会的组织定位决定了版权战略目标更多的是宣传与推广，因此IFLA的版权战略规划内容为“宣传并确保人类对信息、思想和想象性作品的公平获取，平衡用户需求与创作者权利”[④]；美国图书馆协会“大力宣传图书馆的关键问题，如教育、知识自由、隐私、合理使用、文化遗产的长期保存、信息素养、公平获取、政府信息的永久免费

---

① Cambridge University Library. Working Together: a Strategic Framework 2010 - 2013[EB/OL]. [2013 - 04 - 01]. http://www.lib.cam.ac.uk/strategic_framework.pdf.

② 杨溢，王凤. 图书馆战略规划的制定程序与内容框架研究[J]. 图书馆建设，2009(10)：109 - 114.

③ National Library of the Netherlands Strategic Plan 2010 - 2013[EB/OL]. [2013 - 04 - 01]. http://www.kb.nl/bst/beleid/bp/2010/KBstratPl_print.pdf.

④ IFLA. IFLA Strategic Plan 2010 - 2015[EB/OL]. [2013 - 04 - 01]. http://www.ifla.org/files/hq/gb/strategic - plan/2010 - 2015.pdf.

公共获取”①。作为高校图书馆，主要服务是为科研提供支持，因此哥伦比亚大学图书馆建立了版权咨询办公室，以此解决好版权法与大学中的研究、教学、服务活动之间的关系。②

2)制定版权管理战略目标和版权管理战略实施方案

制定战略目标应秉承系统、平衡、权变的原则，确保清楚明确，合理可行。③ 数字资源版权管理的战略目标与数字资源建设与服务等密切相关，可借助这些指标设定可量化、具体的目标，使战略规划具有可衡量性、执行性。例如，公有领域资源预期建设量、自主知识产权数据库建设目标、外购数字资源量、授权服务人群增长率、授权服务方式与服务范围扩大等。

版权管理战略实施方案是实现战略目标的支撑，图书馆要针对战略目标，根据自身条件制订切实可行的行动方案。例如，英国国家图书馆提出的战略目标之一是“对授权的数字资源提供更多的在线访问机会”，针对这一目标，其具体实施策略是“与出版商协商，通过各种模式提供馆外授权资源的访问(包括付费和免费访问)，协调版权人与用户间的利益关系”。④ 版权管理战略实施方案与策略有多种选择，例如，开发公有领域资源、利用法律法规中的合理使用与法定许可条款、从多种渠道获取版权所有者授权、保护自有知识产权等，实施方案的制定要具有针对性、科学性、客观性、可行性，对图书馆在战略规划的实施阶段有切实的实践指导意义。

---

① American Library Association. American Library Association Strategic Plan 2011 - 2015[EB/OL]. [2013 - 04 - 01]. http://www. ala. org/aboutala/sites/ala. org. aboutala/files/content/missionhistory/plan/strategic%20plan%202015%20documents/cd_36. 2_2015_strateg. pdf.

② CUL/IS. Columbia University Libraries/Information Services (CUL/IS) Strategic Plan for 2010 - 2013[EB/OL]. [2013 - 04 - 01]. http://academiccommons. columbia. edu/catalog/ac:125219.

③ 赵益民. 图书馆战略规划流程研究[M]. 北京:国家图书馆出版社,2011: 92.

④ Library of Congress. Strategic Plan: fiscal years 2011 - 2016[EB/OL]. [2013 - 04 - 01]. http: / / www. loc. gov/ about/strategicplan/ strategic_plan2011 - 2016. pdf.

在确定战略实施方案中,要充分考虑图书馆环境因素的变化及影响程度,将有限的资源用在最关键的地方,以发挥最有效的作用。此外,还要运用战略战术,要对每个阶段可能遇到的风险及变数进行分析,并制定应对风险和变数的措施。①

3)编制版权管理战略规划文本

在分析战略环境与组织定位,确定版权管理战略目标,制定版权管理战略目标和版权管理战略实施方案等过程完成后,要将这些成果细化到版权管理战略规划的文本中。不同国家、不同类型图书馆的战略规划文本有一定区别,但有一些核心的基本要素与内容框架被大多数图书馆所采用。柯平等在《图书馆知识管理研究》一书中将这些基本要素概括为:背景、使命、愿景、价值声明、战略目标、任务和行动措施。② 赵益民在《图书馆战略规划流程研究》一书中将这些要素分为“战略管理路径”和“战略保障体系”2 个维度,前者包括使命陈述、愿景展望、发展历程、环境分析、目标体系、实施策略、部门分工、评价体系、制定过程和成功关键因素等 10 个指标,后者包括服务承诺、经费支持、组织管理、信息资源、人力资源、建筑设施、技术应用、薪酬管理、危机管理和可行性分析等 10 个指标。③ 在规划文本的编制方面,国外图书馆的体例结构、撰写格式已日趋规范化、标准化,结构充实合理、内容丰富完善具有可操作性,可作为编制战略规划的借鉴。

(3)建立战略规划保障体系

战略规划的有效应用与实施需要建立可靠的保障体系,根据图书馆的运行特点,涉及制度建设、经费安排与岗位设置、宣传推广和培训等方面。

① 杨溢,王凤.图书馆战略规划的制定程序与内容框架研究[J].图书馆建设,2009(10):109-114.

② 柯平等.图书馆知识管理研究[M].北京:北京图书馆出版社,2006:328.

③ 赵益民.图书馆战略规划流程研究[M].北京:国家图书馆出版社,2011:136.

1)设置版权管理岗位,安排版权管理经费

在数字图书馆的建设与服务过程中,版权管理的实践性很强,需要安排专门的人员,同时将版权成本纳入到经费预算中。为了规避版权风险,有效地进行版权管理,国外一些图书馆专门设置"版权图书馆员"(copyright librarian)岗位来管理知识产权事务,如美国密歇根州立大学图书馆、亚利桑那大学图书馆、犹他大学图书馆、加州大学洛杉矶分校图书馆、加拿大昆特兰理工大学图书馆、澳大利亚新南威尔士州立图书馆等,要求版权馆员能熟悉版权政策,为用户提供各种版权咨询,指导用户利用知识产权实现对资源的充分利用;从国内来看,2005 年中国国家图书馆开始设立"知识产权管理"岗位,在数字图书馆建设与服务中强调版权管理的重要作用,积极探索版权解决方案,并安排专项资金解决版权问题。

2)制定和完善相关版权政策

系统的版权政策能够有效指导图书馆的相关业务工作,规避侵权风险。部分图书馆在本国版权法中合理使用与法定许可条款以及图书馆条款的指导下独立发展自己的版权政策。如:纽约公共图书馆的版权政策包括纽约公共图书馆对其网站的权利、其他人的版权义务、关于公众使用互联网的政策、法律声明、纽约公共图书馆的一般规则和条例等内容。① 一份国内图书馆的调查显示,在 49 所被调查的图书馆中,制订专门的图书馆版权政策的有 8 所,占 16.33%;而没有制订过专门的图书馆版权政策的多达 41 所,占 83.67%。这项数据反映了我国图书馆的管理机制还比较滞后。②

图书馆需要制定和完善相应的版权政策以支持版权战略规划的实施,包括面向图书馆各项业务的版权规章制度,如采购版权政策、文献传递版权政策、复制版权政策、网站建设版权政策等;面向

---

① 陈传夫,符玉霜. 国际图书馆版权政策及我国新一轮版权法修改建议[J]. 图书与情报,2009(5):11-18.

② 陈传夫等. 中国图书馆界对知识产权问题的认知调研报告(下):图书馆知识产权管理进展与对策[J]. 图书与情报,2010(2):18-22, 30.

用户的版权政策，例如网站声明、用户应遵守的版权须知等，同时根据国际版权条约的生效或修订、本国法律法规及政策的变化等情况，不断调整完善版权政策。

3）进行员工版权培训和读者版权教育

在制定版权管理战略规划后，图书馆需要向员工介绍规划战略目标和具体实施策略，使全体员工积极参与到版权管理活动的每一个环节，严格地执行战略规划。

图书馆需要加强版权保护教育工作，开展相关的讲座和培训，提升版权保护意识，讲解在图书馆数字资源采集、复制、数字化、文献传递、参考咨询、讲座展览服务、数字资源发布服务等各个业务环节中的版权注意事项，避免侵权行为发生，以有利于图书馆版权管理战略规划的顺利实施，促进版权管理工作的顺利开展。例如，“全国文化信息资源共享工程”（以下简称“共享工程”）通过加强培训强化保护意识，采取人员集中面授和卫星广播方式，举办了5次全国范围的知识产权培训班，分5批对共享工程省分中心有关人员进行了知识产权巡回培训，邀请国家知识产权局、法学专家、高校教授等就知识产权问题进行深入浅出的讲解，培训人次过万，这对共享工程获取更多资源的许可使用权有很大帮助。

图书馆应开展对用户的版权教育，编制用户版权指南，为用户合理利用图书馆提供指导，提醒用户在复制、数据库使用、资源浏览与下载等过程中应注意的版权问题。在网络服务时以书面或口头的方式，提醒教育读者有义务尊重版权，同时，通过版权声明、免责声明等方式尽到合理注意义务，指导读者合法利用数字化作品，提醒对文献内容作摘录和引用时，必须按照版权法的要求注明作者及其出处。

4.2　制定版权管理制度

4.2.1　图书馆版权管理岗位

（1）案例分析

【案例1:国内外图书馆版权管理岗位设置】

目前,国内外一些图书馆已设立了专门的版权机构和工作人员,负责图书馆版权管理方案的制订、实施、评价,处理版权事务,有效规避版权侵权风险。例如,据Pnina Shachaf等2006年的一项对美国50所图书馆网站的调研显示,有15%的图书馆设立了版权图书馆员或版权委员会;[①]哥伦比亚大学图书馆设立了版权咨询办公室,以解决版权法与大学中的研究、教学、服务活动之间的关系;[②]皇后大学图书馆版权咨询办公室与该大学律师紧密合作,为教师、学生和工作人员在知识获取、学习、教学科研、学术交流中涉及的版权相关问题提供支持;[③]密歇根大学图书馆设立了版权办公室,旨在为学者、研究人员、工作人员和学生提供清晰明确的版权信息与指引;[④]2008年,中国国家图书馆成立版权管理组,负责解决馆藏资源建设和服务中的知识产权事宜。

版权图书馆员岗位在不同的图书馆称谓有所不同。有的称为"版权图书馆员"(Copyright Librarian),有的称为"版权与许可证图书馆员"(Copyright and Licensing Librarian),也有称为"媒介与版权图书馆员"(Media&Copyright Librarian),等等。该岗位主要负责图

---

① Pnina Shachaf, Ellen Rubenstein. A Comparative Analysis of Libraries' Approaches to Copyright: Israel, Russia, and the U. S. [J]. The Journal of Academic Librarianship, 2007, 33(1): 94 - 105.

② CUL/IS. Columbia University Libraries/Information Services (CUL/IS) Strategic Plan for 2010 - 2013[EB/OL]. [2013 - 04 - 01]. http://academiccommons. columbia. edu/catalog/ac:125219.

③ Queen's University Library. Copyright Advisory Office[EB/OL]. [2013 - 04 - 07]. http://library. queensu. ca/copyright.

④ The University of Michigan Library. Copyright Office[EB/OL]. [2013 - 04 - 07]. http://www. lib. umich. edu/copyright - office - mpublishing.

书馆版权问题的咨询、处理、对外关系、许可证谈判以及其他与版权有关的业务。有些版权图书馆员岗位是专职的,而有些图书馆的版权图书馆员还要兼任其他职责。① 本书通过文献调研、实地走访等方式,搜集了6所图书馆的版权管理岗位设置情况(详见表4)。

表4 图书馆版权管理岗位的设置情况

序号	图书馆名称	版权管理岗位名称	版权管理工作内容
1	罗格斯大学图书馆(Rutgers University Libraries)	版权与许可图书馆员(Copyright and Licensing Librarian)	处理版权、授权许可和其他知识产权事宜。包括合理使用及其他版权问题,为本大学成员创作作品相关的版权问题提供建议,为使用其他人创作的作品提供版权建议。②
2	明尼苏达大学图书馆(University of Minnesota Libraries)	版权项目图书馆员(Copyright Program Librarian)	帮助校园里的个人和团体理解版权对其工作有何影响。为此,我们通过我们的版权网站、信息会议、小型团体和个人咨询等方式提供版权教育;为支持自由的信息获取、广泛的公共文化参与争取政策与实践。③

① 陈传夫等.国外版权图书馆员岗位设置及其对我国的启示[J].国家图书馆学刊,2009(2):39-42.

② Rutgers University. Center for Online& Hybrid Learning[EB/OL].[2013-04-07]. http://onlinelearning. rutgers. edu/profile-janice-t-pilch-copyright-and-licensing-librarian-rutgers-university-libraries? destination=node/152.

③ University of Minnesota. Nancy Sims[EB/OL].[2013-04-07]. https://www. lib. umn. edu/about/staff/nancy-sims.

续表

序号	图书馆名称	版权管理岗位名称	版权管理工作内容
3	华盛顿大学图书馆（Washington University Libraries）	版权和数字获取图书馆员（Copyright and Digital Access Librarian）	为图书馆和大学的网站文件、博客等建设与维护版权相关的信息；明确关于版权问题的培训需求并提供或安排相关的指导。向图书馆工作人员规划、设计和提供版权信息与教育。为图书馆人员提供工作中相关的版权支持。①
4	多伦多大学图书馆（University of Toronto Libraries）	学术交流与版权图书馆员（Scholarly Communication and Copyright Librarian）	①负责制定该大学的版权、知识产权以及学术交流相关问题的政策，包括促进合理使用与其他使用权，开发最佳实践，提高版权意识，并就学术交流、开放存取及版权相关的诸多复杂问题提供教育指导； ②建立相关机制，在出版合同、知识产权管理等方面协助教师；为馆藏发展部门提供订购与许可使用方面的建议； ③与校内的教职员工、大学管理者、图书馆同仁、其他大学、版权组织、授权机构等建立广泛的联系。②

① Washington University in St. Louis. Copyright and Digital Access Librarian [EB/OL]. [2013-07-05]. http://jobs.code4lib.org/job/6710/.

② University of Toronto, Faculty of Information. Scholarly Communication and Copyright Librarian [EB/OL]. [2013-04-07]. http://www.ischool.utoronto.ca/jobsite/2012/scholarly-communication-and-copyright-librarian-librarian-ii-or-iii.

续表

序号	图书馆名称	版权管理岗位名称	版权管理工作内容
5	加州大学洛杉矶分校图书馆(UCLA Library)	版权与许可图书馆员(Copyright and Licensing Librarian)	①开发、管理、分析与协调通过“协作学习环境”(Common Collaborative Learning Environment,CCLE)平台和服务中添加和使用的受版权保护与许可使用的内容相关的知识产权问题; ②向 CCLE 参与者提供建议,担任图书馆与 CCLE 合作伙伴与参与者之间的主要联络人; ③向 CCLE 的参与者(包括教师、图书馆员、工作人员、学生等)提供建议与教育,例如版权相关事宜、开发版权政策、在 CCLE 课程管理和相关功能提供的服务中(如 RSS、播客、社会标签、点对点通信等)使用受版权保护资源; ④与校园法律顾问、知识产权管理办公室、其他的校园合作伙伴和 CCLE 参与者协同工作,开发最佳实践,开展宣传推广与培训工作。①

① UCLA Library. Professional Position Posting: CCLE Copyright and Licensing Librarian [EB/OL]. [2013 - 04 - 07]. http://www.library.ucla.edu/pdf/CCLECopyrightLicensingLibrarian_Full%20Posting_FINAL%20.pdf.

续表

序号	图书馆名称	版权管理岗位名称	版权管理工作内容
6	中国国家图书馆	数字资源版权管理	①为国家图书馆数字资源建设与服务提供版权支持,探索并实践数字版权获取的多种方式与运作模式; ②负责制定相关版权管理文件; ③负责数字资源版权信息和版权状态的管理与风险监控; ④负责数字资源建设与服务各环节的版权操作实务; ⑤积极向国家有关部门提出著作权相关立法建议,反映图书馆业界的合理诉求;负责版权相关知识培训、宣传、推广。

【案例2:图书馆版权管理岗位素养要求】

版权图书馆员要为图书馆各个业务环节提供有关版权的建议与解决方案,需要具备扎实的图书馆学专业基础与系统的版权专业知识。例如华盛顿大学图书馆、多伦多大学图书馆、加州大学洛杉矶分校图书馆都对图书馆版权管理岗位的任职条件提出了详细的要求(详见表5)。

表 5 图书馆版权管理岗位的任职条件

序号	图书馆名称	版权管理岗位名称	版权管理岗位任职条件
1	华盛顿大学图书馆（Washington University Libraries）	版权和数字获取图书馆员（Copyright and Digital Access Librarian）	①法学博士或有法律知识与经验的图书馆学硕士； ②有在学术出版、数字化和数字保存项目、馆际互借、高等教育等方面的版权事务处理经验者优先。①
2	多伦多大学图书馆（University of Toronto Libraries）	学术交流与版权图书馆员（Scholarly Communication and Copyright Librarian）	①美国图书馆协会（ALA）认可的图书馆学情报学硕士学位同等学力； ②广泛深入地掌握加拿大版权及知识产权法律、法规、政策、程序的相关知识； ③卓越的口头与书面表达能力，尤其是向不同类型用户阐释复杂概念的能力； ④在学术交流/开放获取相关问题方面有深厚的知识基础； ⑤与不同人群协作的能力； ⑥出色的演讲技能； ⑦出色的组织、时间管理和解决问题的能力，并且能在协作环境中高效地、有创造力地工作； ⑧法学学士优先。②

① ALA. Job list [EB/OL]. [2013 - 04 - 07]. http://joblist. ala. org/modules/jobseeker/DatabasesSerials - Librarian/22417. cfm.

② University of Toronto, Faculty of Information. Scholarly Communication and Copyright Librarian [EB/OL]. [2013 - 04 - 07]. http://www. ischool. utoronto. ca/jobsite/2012/scholarly - communication - and - copyright - librarian - librarian - ii - or - iii.

续表

序号	图书馆名称	版权管理岗位名称	版权管理岗位任职条件
3	加州大学洛杉矶分校图书馆（UCLA Library）	版权与许可图书馆员（Copyright and Licensing Librarian）	①美国图书馆协会（ALA）认可的图书馆学情报学硕士学位或法学博士学位（需要既有图书情报学硕士学位又有法学博士学位）或同等学力与经验（既有学科专门技术或知识，又有专业的图书馆或法律或政策教育和/或相关经验亦可）； ②具备法令、案例和合同法方面的知识，在版权和知识产权政策方面具有专业能力，在学术机构和高等教育相关的版权政策与知识产权问题方面具有专业能力； ③熟悉知识产权法律法规； ④具有向非版权专业的教师、图书馆员、工作人员和学生有效阐释复杂的法律和政策概念的能力； ⑤了解人文社会科学、艺术、自然科学领域的研究需求与学术文献的组织等知识； ⑥了解出版商的授权许可与商业模式； ⑦具有从事电子资源许可工作的经验，包括审查、谈判、分析或起草数字资源许可协议的经验； ⑧具备很强的谈判技巧与能力，能在许可与版权管理谈判中表明机构立场；

续表

序号	图书馆名称	版权管理岗位名称	版权管理岗位任职条件
			⑨优秀的口头和书面沟通技巧以及人际交往能力； ⑩具备在部门和其成员之间有效协调的能力，以便能提供优质的服务，尽力扩展 CCLE 的使用内容以支持课堂教学和研究； ⑪能够熟练操作个人电脑和软件、网络、图书馆相关信息技术程序； ⑫很强的独立分析问题、解决问题的能力； ⑬优秀的组织、时间管理与项目管理能力； ⑭有创造力，有合作能力，作为团队成员或个人都能有效工作，具有团队精神； ⑮致力于一个多样化的教育环境与工作场所，具有与不同的学生和教师共事的能力； ⑯在一个世界级研究机构中，能有效应对不断变化的需求，抓住重点； ⑰对本地、本区域或全国委员会的工作、研究和出版物有强烈的兴趣。①

（2）操作建议

图书馆数字资源版权管理的规划、实施、反馈是一个长期的过

① UCLA Library. Professional Position Posting：CCLE Copyright and Licensing Librarian［EB/OL］.［2013 - 04 - 07］. http://www. library. ucla. edu/pdf/CCLECopyrightLicensingLibrarian_Full%20Posting_FINAL%20. pdf.

程，版权图书馆员有助于在数字资源生命周期的各个环节对版权业务进行统一的协调与管理。设立版权管理岗位时，需确定岗位职责、明确岗位要求，以便更有效地发挥作用。

1）确定岗位职责

纵览各图书馆版权管理岗位的设置，因图书馆的性质、规模、服务对象、业务范围不同，版权管理岗位的具体职责也存在差异。总的来说，图书馆版权管理岗位的职责是保护著作权人利益的同时要推动信息资源的开发与利用，推动图书馆数字资源的建设与服务。具体而言，包括如下方面的职责：

• 协助图书馆管理者制定图书馆数字版权管理规划与相关规章制度，规范图书馆在版权方面的工作。

• 为图书馆开发数字资源提供版权支持。甄别公有领域资源，梳理版权相关的法律法规中关于图书馆合理使用与法定许可的条款，确保图书馆能够最大限度地利用著作权法赋予自身的合法权利进行数字资源建设与服务。

• 通过多种途径获得版权许可与授权使用，参与相关合同的制定与谈判，丰富授权数字资源，更好地服务用户。

• 对数字资源建设与服务中的各个环节进行监测，做好风险预警，避免出现版权纠纷。

• 提供与版权相关的参考咨询、培训与建议。提供版权法律法规和图书馆所制定的各种版权政策的解释和咨询，解答关于版权、授权及权限的问题；开展培训，向工作人员讲授关于版权与许可的案例、做法和问题，向用户传达版权权限、合理使用信息，确保图书馆签署的许可协议的内容清楚地传达给图书馆工作者和用户；提供关于作者协议、合理使用、权限和数据存取、使用及共享的专门要求的建议。①

① 陈传夫等. 国外版权图书馆员岗位设置及其对我国的启示[J]. 国家图书馆学刊,2009(2):39－42.

2)明确岗位要求

图书馆在设置版权管理岗位时,可参考国外图书馆的岗位要求,结合我国法律环境与图书馆业务实际需求,聘用符合岗位素养要求的人员。针对版权管理岗位的职责需求,借鉴上述图书馆的版权图书馆员任职条件,我国图书馆版权管理岗位需要如下方面的知识与技能:

- 了解《世界版权公约》等国际法律与条约。
- 了解图书馆协会或其他国家图书馆协会有关图书馆可适用的著作权例外的声明性文件、原则或指南。
- 熟练掌握我国知识产权相关法律法规知识。
- 全面了解图书馆资源与服务,熟悉图书馆资源建设、信息服务和数字资源管理等方面的专业知识。
- 了解版权市场的情况和版权交易的惯例与规则。
- 具备优秀的谈判能力,以利于在版权协议的签署过程中为图书馆争取最大利益。
- 具备良好的沟通能力与表达能力,能完成图书馆版权相关的咨询、培训、宣传等工作。

4.2.2　图书馆版权规章制度

(1)案例分析

【案例1:美国图书馆业务版权规章制度】

图书馆需要规范工作人员在业务活动中的版权管理,即在保存、复制、文献传递、馆际互借等自身业务活动中负有遵守版权的职责。例如,美国佐治亚大学为复制服务、保存、文献传递、馆际互借、政府出版物、非书资料、计算机软件、大学档案、许可协议等十五类业务活动规定了版权处理规范,加州大学洛杉矶分校分为馆内保存、电子保存、馆际互借、间接复制、未受监管的复制、未出版资料及为馆藏制作版权资料的复制件等七类业务活动中的版权处理规范;雪城大学图书馆是按作品类型划分,分成打印、录音、视频、幻灯片、软件、多媒体、电子文档、未出版作品等八类作品提供时的版权处理规范。① 这些业务规章制度涵盖了大部分图书馆业务流程,从而保证了图书馆在具体业务运行中有章可循。

【案例2:加拿大图书馆协会(CLA)图书馆版权规章制度模型】②

加拿大图书馆协会制定了《图书馆版权政策模型》,针对图书馆工作人员和用户在复制、获取图书馆资源过程中应遵守的版权保护行为规范作了说明,包括合理使用、复制政策、资源获取指南、自助复印机告示等内容,为图书馆制定自身的版权规章制度提供了借鉴和参考。

表6　加拿大图书馆协会(CLA):图书馆版权政策模型

类别	建议内容
概述	______________图书馆尊重用户使用受版权保护资料的权利,同时保护创作者的精神权利以及创作者与内容提供者的财产权和发行权。本馆馆藏的某些资源仍然处于版权保护期内,因此在这些资源的复制方面会有相应的限制。另外,某些资源如在线数据库或其他电子资源,可能受到特定的许可证或合同义务的约束,限制或允许对其内容进行复制。然而,在这些限制规定的情况下,图书馆馆藏资源在下列情形下可被复制: …… (结合本国版权法律列举可被复制的情形,包括图书馆工作人员的复制与用户的复制)
合理使用	(列举本国著作权法合理使用条款的规定以及具体建议)

① 孙洁,江梅.从版权声明到版权政策的跨越:基于中美图书馆比较视角[J].中国出版,2011(4):44-47.

② Canadian Library Association. Model Policy on Copyright for Libraries[EB/OL].[2012-03-20]. http://www.cla.ca/AM/Template.cfm?Section=Copyright_Information#modelpolicy.

续表

类别	建议内容
复制政策	____________图书馆馆藏资源对我们的________(可填写用户名称或类型)用户开放。已进入公有领域的资料或为研究、个人学习、评论或新闻报道目的需要的资料的复制服务可以提供给我们的用户,可以是本馆馆藏,也可以是通过馆际互借获得的资料。图书馆馆藏资料的复制要依据版权法合理使用规定,以达到既帮助用户获取资料又保护版权持有者权利的目的。
资源获取指南	1. 图书馆可提供特定目的需要的复制品,但需要事先由图书馆工作人员甄别确定; 2. 特定目的包括研究、个人学习、评论或新闻报道。对这些目的的合法性有任何疑问的,可向______________(填写相应图书馆工作人员的称谓)咨询。 3. 个人在申请复制时必须确定使用目的。图书馆工作人员基于申请者提供的信息填写申请单。 4. 复制的数量需酌情处理。超出申请单上所列复制目的的,不予复制。一般来说,按照常规可以复制一篇文章或一本书中一章内容。对图书馆资料大量的复制需要咨询______________(填写相应图书馆工作人员的称谓)以确定是否符合上述六个合理使用的因素,很可能这种复制请求最终会被拒绝。 5. 此项服务是非营利的,所收取的费用是为了补偿图书馆的复制成本。
自助复印机告示	例如:"加拿大著作权法规范版权资料的复印或其他形式的复制。某些复制行为可能会侵犯版权法。本图书馆对用户使用这些机器侵犯版权的复制行为不承担责任。"

【案例3:八国国家图书馆网站版权声明】

本节选取了八个国家图书馆的网站版权声明加以归纳(详见表7),以期为图书馆制定规范的网站版权声明提供参考。

表 7 各国国家图书馆网站版权声明梳理

图书馆	保护的作品范围/种类	免责条款	技术保护措施	许可使用	权利状态和版权信息	侵权救济	版权主体/版权归属
新加坡国家图书馆①	√	√	√	√	√	√	√
约旦国家图书馆②	√		√	√			√
爱沙尼亚国家馆③				√			
奥地利国家图书馆④		√		√			
德国国家图书馆⑤	√	√	√				√
西班牙国家图书馆⑥	√	√	√				√

---

① Singapore National Library Board. Terms and Conditions[EB/OL]. [2012 - 12 - 01]. http://www. nlb. gov. sg/Corporate. portal; jsessionid = XTMQQ4JPL2XYy38QD8Jzc1RjxWFfD11N2J0Jbhg2ByKHn3QTHspj! - 1806872828? _nfpb = true&_pageLabel = TermsConditions.

② National Library of Jordan. Terms of Use[EB/OL]. [2012 - 12 - 01]. http://www. nl. gov. jo/EN/Pages/TermsOfUse. aspx.

③ National Library of Estonia. Using the Library[EB/OL]. [2012 - 12 - 01]. http:// www. nlib. ee/using - the - library/.

④ Austrian National Library. Terms of Use[EB/OL]. [2012 - 12 - 01]. http://www. onb. ac. at/ev/terms_use. htm.

⑤ German National Library. Data Protection Statement[EB/OL]. [2012 - 12 - 01]. http://www. dnb. de/EN/Header/Datenschutz/datenschutz_node. html.

⑥ National Library of Span. Legal Notice[EB/OL]. [2012 - 12 - 01]. http://www. bne. es/en/NavegacionRecursiva/Pie/avisoLegal/index. html.

续表

图书馆	保护的作品范围/种类	免责条款	技术保护措施	许可使用	权利状态和版权信息	侵权救济	版权主体/版权归属
英国国家图书馆①	√	√	√	√	√		√
中国国家图书馆②	√	√	√	√	√	√	√

1)保护的作品范围/种类

• 新加坡国家图书馆:

新加坡国家图书馆网站中的资源,包括但不限于信息、文本、图片、链接、音频、图表、视频。

• 约旦国家图书馆:

本站内容,包括全部图片、文本。

• 西班牙国家图书馆:

网站设计、源代码及网站显示的商标、标记及其他有独创性的标志。

• 英国国家图书馆:

图片、文本、声音和视频文件、程序和草稿。

• 中国国家图书馆:

网络资源服务(包括但不限于各种书目型、文摘型、全文型数据库)。

2)免责条款

---

① British Library. Copyright and Your Use of the British Library Website[EB/OL]. [2012-12-01]. http://www.bl.uk/aboutus/terms/copyright/index.html.

② 中国国家图书馆网站版权声明[EB/OL]. [2013-04-26]. http://www.nlc.gov.cn/dsb_footer/bqsm/.

• 新加坡国家图书馆：

NLB 数字图书馆不能保证本网站及其资源的准确性、适当性、完整性，对其中的谬误、遗漏不承担责任。对资源的内容也不承担任何责任。NLB 数字图书馆不能保证网站及资源不中断、无错误；不保证网站及资源无病毒、无恶意代码、程序或宏；NLB 数字图书馆对由下列原因及相关原因导致的任何损害后果和经济损失不承担责任：由于访问、使用或无法访问使用本网站，或依赖于本网站的资料、信息所致；由于系统、服务器或传输中连接失败、错误、缺省、中断、延迟及计算机病毒所致；由于使用或访问任何连接到本网站的其他网站所致。

一旦访问 NLB 数字图书馆或向我们发送电子邮件，就表示您同意我们通过电子手段与您交流，同意我们提供任何的合法的协议、通知、披露事项及其他通信。

新加坡 NLB 不担保、支持、认可链接网站的产品、信息，及显示新加坡 NLB 认可或与之有关联的链接网站。新加坡 NLB 承认链接网站内容合法拥有者的知识产权。

链接网站可能包含非新加坡政府网站，他们的隐私政策不同于我们的，我们对此不负责任，请您咨询这些网站。

• 奥地利国家图书馆：

已经尽力认真提供本网站内容，但不能保证信息的绝对准确、新颖、无误。如发现错误，我们将努力更正。欢迎指正。

如果捐赠品由私人签名，意味着是作者的私人意见，除非我馆明知是非法内容信息而接收，且该非法活动或非法信息变得显著并导致索赔，否则我馆对此概不承担责任。

如果您发现非法内容，请告诉我们，如有必要，我们将移除该捐赠品。

提供其他网站链接,特意疏远与链接网站的关系,不使用链接网站的名义,对链接网站的内容没有加工设计。同样,链接网站对我馆网站也是如此。如发现其他网站非法链接到本站,我们将立即清除。

• 德国国家图书馆:

德国国家图书馆对通过无线网传递的信息不负任何责任。

• 西班牙国家图书馆:

提供链接到外部网站,国家图书馆无法控制,故对其内容、信息及服务免责。

西班牙国家图书馆不能保证网站链接及内容不中断或无错误,也不能保证网站内容始终最新,尽管将尽最大努力校正技术错误和更新内容。在所有情况下,国家图书馆保留对网站的权利,无需提前通知。对超链接连接的第三方网站的内容免责。

• 英国国家图书馆:

英国国家图书馆认真负责地编辑网站的内容,但对于本网站、链接网站及随后的链接材料中包含信息的准确性,不做任何担保、明示及暗示,包括但不限于:任何可销性和适合某一特定目的的暗示;任何由于获得信息或信息缺乏对您的计算机硬件、数据、信息、材料和事务造成的损害;任何错误、遗漏或不准确的信息;任何依赖于信息所做的决定和是否采取行动的决定。

链接到外部任何其他网站任何产品、服务、政策、观点与图书馆无关。图书馆不能保证外部链接网站中信息的正确性,也不承担外部链接内容可能对用户造成的损失。

• 中国国家图书馆：

本网站不能保证发布信息的绝对准确、完整。如发现错误，欢迎批评指正，我们将努力更正。

出于方便读者的考虑，本网站提供了外部链接或站外导航，但对于这些链接网站的内容、安全性等方面我们无法控制，故不承担任何责任。

3）技术保护措施

• 新加坡国家图书馆：

为了保护您的个人数据，所有电子存储和数据传输施以适当的安全技术。

• 约旦国家图书馆：

本站图片均有水印，并禁止移除水印。

• 德国国家图书馆：

德国国家图书馆采取了保护措施，使数据免于被无授权的个人滥用。保护措施随着法律规定和新技术发展不断更新。

• 英国国家图书馆：

如果违反本网站的规定，本馆保留阻止您访问网站或获得服务的权利。为了确保内容的真实性，本网站采用了数字签名等技术。

• 中国国家图书馆：

在数字资源建设中，国家图书馆积极采用先进的技术保护措施。

4）许可使用

• 新加坡国家图书馆：

没有获得我馆事先许可，本网站的任何部分不得复制、分割、改编、修改、再版、陈列、广播、超链接、建立镜像或以任何方式传输、存储。

但是，可以为个人非商业使用目的使用下载、打印资料，但不得修改资料并且要保持资料的所有版权及所有权。

• 约旦国家图书馆：

只能个人、研究、非商业使用。

未经本馆相关部门书面允许，不得以任何形式对本站内容全部或部分复制。

• 爱沙尼亚国家图书馆：

出于个人需要、学习或研究目的，可以通过电子图书馆服务或中央流通部门请求获得馆藏资料的复印件。制作复制件，要遵守爱沙尼亚国家图书馆藏品复制作品的规定。

• 奥地利国家图书馆：

提出合理使用申请，由奥地利国家图书馆提供复制服务。允许以保护作品为目对作品进行数字化处理或保存在微缩胶片上。

• 英国国家图书馆：

网站内容可以利用不变（改变包括拉伸、压缩、涂色等其他歪曲初始大小或格式的方式）的形式访问、打印、下载，用于个人研究临时使用，不得直接或间接用于商业用途及非商业用途。

打印、下载的内容不能买卖、倒卖、许可、转让、复制，或以任何形式、在任何载体上、为任何人再现全文或部分内容，包括但不限于：以任何方式传输；在任何介质、系统或程序中存储；以任何形式展示；表演；租用、租赁、出租或贷款，或任何其他形式利用。

除了明确允许的条款和条件的具体的个别的服务，您不可能没有获得我馆的事先书面同意：

系统地摘录、再利用本网站的部分内容，包括但不限于为了再利用本网站的实质性部分，而利用数据挖掘、机器人或类似的数据采集和提取工具提取(不论是一次或多次)。

创建或发布您自己的数据库,且该数据库与本网站的实质性部分相似,包括但不限于我们的价格表、产品/服务列表。

您同意不做以下行为:

模仿另一个人或使用假名字,或使用未经授权使用的名字创建一个假身份、假电子邮件地址或试图带给他人身份或通信来源的误导;

没有事先获得同意,就提供或上传您不拥有版权或没有获得授权或收集别人信息(例如名字/地址)的文件,包含软件、资料、数据或信息;

损坏、干扰或中断访问网站及通过该网站实现的服务,为可能中断或损害其功能的行为;

发表及散布诽谤性的、攻击性的、侵犯性的、淫秽的、不适当的违法不良材料或信息;

威胁、骚扰、追踪、滥用、破坏等给他人权利(包括隐私权和公开权)造成困扰;

以非法、不当目的使用网站及内容;

提供、上传或散布任何形式的包含病毒、错误、损坏数据、木马、蠕虫或其他有害软件。

• 中国国家图书馆:

引用本网站内容,请注明出处;若用于商业用途或非法目的,以致影响国家图书馆声誉的,我馆保留追究其法律责任的权利。

5)权利状态和版权信息

• 新加坡国家图书馆:

我们保留随时变更网址、政策、使用条件的权利,如对某些情况有异议,该情况是独立的,不影响其他部分的效力和强制性。

- 英国国家图书馆：

英国国家图书馆已经尽力查明、联系和告知版权人，希望本馆网站没有正确查明和告知的版权人联系我们，我们将做必要修正。

- 中国国家图书馆：

在数字资源建设中，国家图书馆一贯重视版权问题，遵守《中华人民共和国著作权法》及相关政策法规。

6)侵权救济

- 新加坡国家图书馆：

如果您确信您的作品被以某种形式复制并构成伤害，请向新加坡知识产权局举报。

与访问NLB数字图书馆有关的争议，或通过NLB数字图书馆购买的产品应秘密提交新加坡仲裁庭。除非您已经侵犯或威胁了NLB数字图书馆的知识产权，那样我们将寻求禁制令或在任何国家寻求其他适当的救济，采取法院专属管辖权和属地管辖权。

新加坡国家图书馆发现潜在违反著作权或其他知识产权、收到违反出版规则及其他相关规定的投诉时，将尽快从馆藏中移除所涉资源，等待进一步调查。如果投诉根据看似合理，该资源将被永久撤出馆藏。

如果您是权利人，并发现我馆网站上您的作品没有获得您的许可，请联系我们。

“通知—移除”称将随之启动如下：

新加坡国家图书馆将确认收到您的投诉信，将对于投诉的合法性和可信性做初步评估。

未商定解决方案前，材料将从新加坡国家图书馆网站删除。

新加坡国家图书馆将与存储该材料的捐赠者联系。

捐赠者将被通知材料受到了投诉，受到了指控，并鼓励和解。

鼓励投诉人和捐赠者迅速和平地解决纠纷，用以下可能的结果满足各方要求：材料仍然存在新加坡国家图书馆网站；材料改变，替代国家图书馆网站原有的材料；网站永久删除该材料。

● 中国国家图书馆：

作为国家的重要公益性文化机构，我馆的重要职能之一是为教育科研服务。为此目的，我馆在网站建设中将不可避免地使用到部分作品，其中若有不慎而未事先征得授权者，敬请相关权利人及时告知，以便我馆采取适当方式予以弥补。对此，我馆希望得到全体著作权人和出版单位的鼎力支持。

7）版权主体/版权归属

● 新加坡国家图书馆：

版权归属 NLB 数字图书馆或内容提供者；NLB 数字图书馆对本网站全部内容有排他的编辑权；本网站所用软件归 NLB 数字图书馆或其软件提供商及附属机构所有；除有其他标示之外的全部内容，包括文本和图表，版权都归 NLB 数字图书馆。

本站显示或使用的商号、商标、服务标志属于 NLB 数字图书馆或其许可人所有。

● 约旦国家图书馆：

版权属于哈希姆王国国家图书馆。

● 德国国家图书馆：

版权属于德国国家图书馆。

● 西班牙国家图书馆：

版权属于西班牙国家图书馆或其他授权给国家图书馆的主体。

- 英国国家图书馆：

  版权属于英国国家图书馆。

- 中国国家图书馆：

  中国国家图书馆版权所有。

【案例4：中国科学院国家科学图书馆合理使用声明】①

编制“读者版权须知”或“用户版权指南”，为图书馆用户提供版权指引，明确在使用图书馆资源与服务时可以采取的行为和应该禁止的行为，是图书馆版权规章制度不可或缺的一部分。例如，中国科学院国家科学图书馆针对用户使用网络数据库制定了说明，规范用户在其中的行为。

合理使用声明

授权用户出于个人的研究和学习目的，可以对网络数据库进行以下合理使用：

(1)对网络数据库进行检索；

(2)阅读检索结果(文摘索引记录或全文文章，下同)；

(3)打印检索结果；

(4)下载检索结果存储在自己个人计算机上；

(5)将检索结果传送到自己的电子邮件信箱里；

(6)承担使用单位正常研究生教学任务的授权用户，可以将作为教学参考资料的少量检索结果，下载并组织到供本使用单位教学使用的课程参考资料包(course pack)中，置于内部网络中的安全计算机上，供选修特定课程的研究生在该课程进行期间通过内部网络进行阅读。

以下行为超出了合理使用范围，是侵犯网络数据库商知识产权的行为，应严格禁止：

① 中国科学院国家科学图书馆. 合理使用声明[EB/OL]. [2013-04-01]. http://www.las.ac.cn/others/UseRule.jsp.

(1)对文摘索引数据库中某一时间段、某一学科领域,或者某一类型的数据记录进行批量下载;

(2)对全文数据库中某种期刊(或会议录),或者它们中一期或者多期的全部文章进行下载;

(3)利用类似 netants 的批量下载工具对网络数据库进行自动检索和下载;

(4)把存储于个人计算机的用于个人研究或学习的资料以公共方式提供给非授权用户使用;

(5)把课程参考资料包中的用于特定课程教学的资料以公共方式提供给非授权用户使用;

(6)设置代理服务器为非授权用户提供服务;

(7)在使用用户名和口令的情况下,有意将自己的用户名和口令在相关人员中散发、或通过公共途径公布;

(8)直接利用网络数据库对非授权单位提供系统的服务;

(9)直接利用网络数据库进行商业服务或支持商业服务;

(10)直接利用网络数据库内容汇编生成二次产品,提供公共或商业服务。

(2)操作建议

1)认识版权规章制度重要性

版权规章制度也可称为版权政策、版权业务规范等,是图书馆进行科学有效管理的重要手段,包括对工作人员的规章制度(如业务版权政策、版权业务细则、版权管理条例等)与对图书馆用户的规章制度(如读者须知、用户指南等)。版权规章制度通过对工作人员的行为加以规范,引导员工在业务工作的各个流程切实处理好版权问题,以提高图书馆文献资源建设与服务中的版权管理水平,在做好业务工作的同时有效规避侵权风险;同时,对用户在利用图书馆资源时的行为进行规范与约束,明确其权利与义务,提高

其版权保护意识,同时也尽到图书馆的合理注意与提醒义务,减少侵权风险行为。版权规章制度应达到以下三个基本目标:

• 遵守——在对图书馆工作人员和用户复制版权保护期内资料进行管理时保持一致性,以避免侵权行为,同时遵从本国版权法和本馆电子资源的许可协议。

• 指引——为图书馆工作人员和用户提供与版权相关的图书馆服务与图书馆资源利用各方面的指导。

• 教育——教育图书馆工作人员与用户关于版权的知识。[①]

2)调研需求

图书馆工作人员或读者可能会对提供或获取资源有很多版权方面的疑问,例如:既然图书馆已经购买了资源,为什么不能随意数字化并且提供使用?图书馆作为公益性机构,不以营利为目的,是否可以减免版权侵权责任?是否可以复印整本书?是否可以把文章扫描以后放在网站上?需求调研有助于进一步明确版权规章制度需要解决的相关细节问题。

需求调研可以在包括但不限于如下范围进行:

• 图书馆工作人员——尤其是提供复印、虚拟参考咨询,以及电子阅览室(或数字共享空间)的一线工作人员,数据库采购人员、处理数字资源建设与服务相关业务的工作人员等。

• 学术、科研人员。

3)梳理业务与评估版权风险

针对图书馆提供或计划提供的业务活动进行梳理,对其已经存在的侵权责任或者潜在的侵权风险实施评估。例如,以下业务活动可能存在侵权风险:

• 复制活动:例如用户自助复制(影印、打印、扫描、下载),图书馆工作人员为用户复制等。

• 数字资源建设:例如数字资源采购、馆藏资源数字化或格式

---

① EIFL. Developing a Library Copyright Policy: an EIFL Guide[EB/OL].[2012-05-15]. http://www.eifl.net/news/developing-library-copyright-policy-eifl-guid.

转换、网络资源采集、网络资源导航等。

• 数字资源服务:例如数字资源发布服务、虚拟参考咨询服务、数字资源原文传递服务、在线展览或在线讲座服务、网站转载网络信息资源、数字资源共享服务等。

图书馆要明确这些业务活动是否遵循了著作权法律法规和/或图书馆的许可协议,并且分辨在业务处理过程中,哪些行为是可行的,哪些行为是不可行的,针对各项业务的各种行为,提出风险规避方案。

风险评估应有图书馆的法律顾问或版权图书馆员参与。

4)制定版权规章制度①

图书馆电子信息联盟(Electronic Information for Libraries, EIFL)对图书馆制定版权规章制度制定了指南,旨在突出考虑制定图书馆版权规章制度时应注意的问题,包括如何起草一项版权规章制度以及该制度应包含的要素。指南指出,版权规章制度应当:

• 帮助明确图书馆员和用户在版权法规定下有哪些自由,以及确保符合法律规定。

• 为图书馆工作人员提供足够的信息以支持他们在版权许可授权和数字化问题上的决策。

• 为解决版权方面常见问题提供确定信息。

• 帮助确保符合图书馆现有的许可协议。

该规章制度可能包括一些或全部下列元素:

• 目的。

• 关于图书馆提供知识和学习资料获取角色和使命的原则,以及图书馆遵循所有相关国家立法的责任的声明。

• 国家版权法的基本知识——与图书馆服务提供的相关规定,尤其是例外与限制。

• 用户规则——指导用户行为符合法律或协议许可,包括用

① EIFL. Developing a Library Copyright Policy: an EIFL Guide[EB/OL]. [2012-05-15]. http://www.eifl.net/news/developing-library-copyright-policy-eifl-guid.

户复制行为、教学人员为教育和研究目的的复制、学生为学习和研究目的的复制、为方便残障人士使用而进行的复制、图书馆中使用数码相机或手持式扫描仪、格式转换、在电子学习工具上使用图书馆的资源等。

- 图书馆员复制文献和为以下目的进行文献数字化的程序——用户个人使用、教育和学习(在教室或远程学习)、研究目的、图书馆内部用途、残障人士使用等。
- 寻求允许/版权许可授权——关于如何实施的建议。
- 学生作品(如论文和学位论文)的版权。
- 抄袭。
- 本图书馆管理的开放存取库——存取库许可和规定。
- 免责声明。
- 索引和/或目录。
- 版权问题的联系人。
- 常见问题(FAQs)。

在图书馆版权规章制度制定完成后,还应定期检查与更新,以反映图书馆信息环境的变化,尤其是当国家立法、图书馆数字资源的许可协议、图书馆工作人员和用户对资源的使用发生改变以后,以及图书馆引进新服务或开展新业务时,需要对已有的版权规章制度进行修订。

4.3 利用法律法规与政策支持

4.3.1 利用公有领域资源

(1)案例分析

【案例1:古登堡计划(Project Gutenberg)】①

① About Us: About Project Gutenberg[EB/OL].[2013-04-02]. http://www.gutenberg.org/wiki/Gutenberg:About.

古登堡计划是一个以自由的和电子化的形式，基于互联网，大量提供公有领域书籍的协作计划。最初是在1971年7月由Michael Hart发起的。它是世界上第一个数字图书馆，所有书籍的输入都是由志愿者来完成的，并将这些书籍文本化。到2012年11月为止，古登堡工程已经收录了超过4万部书籍，平均每周将新增50部。古登堡计划主要收录进入公有领域的作品，根据美国版权法对其电子书进行版权验证。只有版权过期者才可以加到古登堡计划的档案中来，版权失效的记录将保存以备未来参考。

【案例2:欧洲数字图书馆(Europeana)】[①]

欧盟于2008年11月在布鲁塞尔正式启动欧洲数字图书馆。欧洲数字图书馆中的资源来源于欧洲的博物馆、图书馆、档案馆、音视频收藏机构，欧盟各成员国约1500个文化机构贡献了数字资源。目前欧洲数字图书馆的藏品已经超过1500万件。首先由欧盟各成员国的文化机构向Europeana提供数字资源的机构先提出申请，根据需要签订《数据提供协议》或《数据聚合协议》，Europeana对申请审核之后确定是否接受。Europeana要求数据提供者必须尽最大努力确保权利的信息，包括机器可读的权利的信息和标引的正确性；数据提供者要确保所提供的资源没有侵犯他人的知识产权。[②] Europeana将贡献者提供的数字资源或其元数据置于互联网上供用户使用，每一个对象数据都有详细的权利信息并且附有

① Europeana About Us[EB/OL].[2012－09－21].http://www.europeana.eu/portal/aboutus.html.

② Europeana Aggregators' Handbook[EB/OL].[2012－09－21].http://version1.europeana.eu/c/document_library/get_file? uuid＝94bcddbf－3625－4e6d－8135－c7375d6bbc62&groupId＝10602.

该资源原拥有者的链接,如果用户想看到更高质量的资源版本,或者有的资源需要付费才能使用,需连接到原拥有者的网站上。文化机构出于资金和实际的考量,一般从数字化公有领域的馆藏开始,因此,正在建设中的Europeana 内绝大部分是已过版权保护期的作品。

【案例3:美国记忆(American Memory)】

"美国记忆"(American Memory)起源于1990 年一个将美国国会图书馆珍贵历史资源数字化的实验项目(pilot program)。1994 年,国会图书馆宣布开展"美国国家数字图书馆计划"(National Digital Library Program),同时将"美国记忆"作为其代表性项目正式启动,针对国会图书馆及其他文献机构最具价值的历史文化资源实施数字化加工组织,以期实现最佳保存及利用。① "美国记忆"有900 万件数字化历史文化资源,来源文献的格式包括手稿、印刷品、照片、海报、地图、录音、电影、书籍、小册子、乐谱等,这些数字资源被组织为100 多个专题。② 受版权保护的限制,"美国记忆"在网站上提供获取的绝大部分是进入公有领域的作品。

【案例4:公有领域书目筛查项目】

2008 年,国家图书馆开始启动公有领域书目筛查项目,该项目是国内图书馆界开展的第一个针对公有领域作品的版权筛查项目,项目内容是搜集并制作已进入公有领域的、1912 年1 月1 日以后正式出版并公开发行的汉语版图书目录。截至目前,已筛查出6 万余种图书确定无版权侵权之虞的图书可以通过互联网向广大读者提

---

① American Memory from the Library of Congress. Mission and History[EB/OL]. [2012-09-23]. http://memory.loc.gov/ammem/about/index.html.

② American Memory from the Library of Congress. About the Collections[EB/OL]. [2012-09-23]. http://memory.loc.gov/ammem/about/about.html.

供服务。

【案例5:齐白石后人诉出版社及书店】

2007年年末,齐白石后人以"未经继承人合法授权",将涉及全国各地的25家出版单位和生产、出售齐白石作品的商家告上法庭,索赔金额近千万元。2008年中旬,沈阳市中级人民法院判决山东画报出版社、浙江的西泠印社、上海书画出版社及重庆出版社,立即停止对齐白石作品的侵权行为,赔偿经济损失50万余元,责令沈阳新华购书中心有限责任公司停止销售涉案书目。① 2008年年底,济南中级人民法院判决人民教育出版社立即停止出版发行、济南市新华书店立即停止销售《中国美术馆藏近现代国画大师作品精选——齐白石》书籍;人民教育出版社赔偿齐良憐等16人经济损失人民币15万元。②

案例5涉及的法律问题颇多,主要针对作品是否进入公有领域展开分析。据查,齐白石于1957年9月16日去世,其作品的著作权保护期截止时间为2007年12月31日,保护期期满后即进入"公有领域",即截止到目前,齐白石的作品已经进入公有领域。然而,这些出版社侵权使用齐白石作品的时间却是在权利保护期届满前,故会被追究相应的侵权责任。所以,准确的甄别作品是否进入公有领域是无障碍利用作品的前提。

(2)操作建议

1)认识公有领域的内涵

"公有领域"是知识产权法中被广泛使用的概念,是调整和鼓励创造、使用智力成果而产生的。1886年《伯尔尼公约》第14条规定:"本公约适用于在本公约开始生效时尚未进入公有领域的所有

① 齐白石后人维权 沈3家出版社被判赔50余万[EB/OL].[2012-12-12]. http://www.xinhuanet.com/chinanews/2008-06/01/content_13423629.htm.

② 齐白石后人状告出版社及书店 获赔15万[EB/OL].[2012-12-12]. http://book.ifeng.com/yeneizixun/detail_2009_03/26/305659_0.shtml.

作品”。关于“公有领域”的定义在理论界存在很多学说，如“无法律保护说”，是对于具有创作性的作品，如果没有现行法律确认其具有财产权地位，或者现行法律将某类作品的保护摒除在外时，这些作品即可认为处于公有领域内。“专有权利时间届止说”，是版权和专利权利人仅在法定期间内享受专有权利，当此期间届止后这些作品和发明就进入公有领域。[①] 本书认为的公有领域，是指根据我国著作权法的规定，受著作权保护的期间之外的作品在法律上的状态。[②] 处于公有领域的作品，通常包括：

- 权利保护期届满的作品

《著作权法》规定，版权保护期届满的作品，除作者署名权、修改权、保护作品完整权等精神权利继续受保护至永久外，不再受版权法保护，任何个人、法人与其他组织均可无障碍利用，既不需要得到权利人许可，也不需要支付相应的费用。自然人作品是在作者死后五十年后进入公有领域，团体作品是在发表五十年后进入公有领域，进入公有领域之后任何人都可以不受限制地利用这些作品。《著作权法》第二十一条规定，公民的作品，其发表权、本法第十条第一款第（五）项至第（十七）项规定的权利的保护期为作者终生及其死亡后五十年，截止于作者死亡后第五十年的 12 月 31 日；如果是合作作品，截止于最后死亡的作者死亡后第五十年的 12 月 31 日。法人或者其他组织的作品、著作权（署名权除外）由法人或者其他组织享有的职务作品，其发表权、本法第十条第一款第（五）项至第（十七）项规定的权利的保护期为五十年，截止于作品首次发表后第五十年的 12 月 31 日，但作品自创作完成后五十年内未发表的，本法不再保护。

- 版权法不予保护的作品

《著作权法》第五条规定（一）法律、法规，国家机关的决议、决

① 李明德，许超. 著作权法[M]. 北京：法律出版社，2009：110.

② 5141 课题组. 知识产权法学词典（第二版）[M]. 北京：北京大学出版社，2008：40.

定、命令和其他具有立法、行政、司法性质的文件,及其官方正式译文;(二)时事新闻;(三)历法、通用数表、通用表格和公式。

• 著作权人放弃权利的作品

任何一件作品的产生,可以说都是创作者利用前人作品而产生的,从平衡创作者利益和社会促进知识发展的公共利益的角度出发,在著作权法中设定公有领域,既规定赋予作者在一定期限内享有专有权利,收回自己在创作过程中投入劳动的相应收益,又规定超过了一定保护期限后,有关作品就会进入公有领域,成为人人可以自由利用的资源。所以,公有领域的最终价值是既鼓励作者创作出更多新的作品,又能使更多的人能够利用前人的智慧创造出更加有价值的作品,促进知识的传播和发展。由于版权法不予保护的作品和著作权人放弃权利的作品较为明确,下文所指的甄别和利用的公有领域作品主要是指权利保护期届满的作品。

2)了解甄别公有领域作品的意义

• 法律规定的抽象性

法律规定具有一定的抽象性,实践过程中通常需要进一步细化明确。《著作权法》第二十一条中规定的著作权的发表权和财产权利保护期为个人作者终生及其死亡后五十年,权利的保护期很明确,但事实上,除了名人作家可以通过一些权威的著作进行考证之外,其他大部分寂寂无名的作者生卒年很难考证,甚至连真实姓名也无从知晓,导致作者的终生加上五十年的时间无法考证,就无法判断作品何时进入公有领域。

• 著作方式的复杂性

中文图书除了著、撰、编、辑、纂、译等常用的著作方式外,还有执笔、训义、创作、句、补、续、注、集解、释义、疏证、制定、笺、平议、笔受、诂、述、讲、说、录、提案、校、标点、选、集评、书、刻、治印、手拓、绘、作、赞、曲、鉴定、采集、发行、节钞、阅、藏等生僻的著作方式。中文图书责任方式的多样性导致其著作权归属很难确定,单就作品上的署名和著作方式并不能简单判断该作品的著作权归属,进而无法判断该作品上的署名作者是否是作品的权利人。例如,作品署名为王某著,李某阅,通过查证“阅”这种著作方式并没有对作品创作增加新的独创性内容,则李某不能认定为作品的著作权人。所以,甄别作品是否进入公有领域首先需要深入研究作品的著作方式,正确理解这些作品责任方式的内涵。

• 利用作品的合法性

目前,图书馆除了可以利用已经进入公有领域的古籍之外,如果不经权利人许可擅自利用未进入公有领域的近现代作品,则将面临承担侵权责任的风险。例如,齐白石作品侵权案中,那些未仔细甄别齐白石作品是否进入公有领域的出版社,最终受到了法律制裁。所以,甄别作品是否进入公有领域可以将作品的版权状态明确化,可以使图书馆利用作品合法化。

3)明确公有领域的甄别方法

• 确定著作权人

根据我国《著作权法》的规定,著作权属于作者。根据《著作权法》第十一条的规定,首先,创作作品的公民是作者;其次,由法人或者其他组织主持,代表法人或者其他组织意志创作,并由法人或者其他组织承担责任的作品,法人或者其他组织视为作者;再次,如无相反证明,在作品上署名的公民、法人或者其他组织为作者。因此,图书馆在确定著作权人时,可以明确的是,在作品的书名页和版权页上署名的公民、法人或者其他组织即为作者,著作权属于作者。

对于作者身份不明的作品,即无署名、匿名、书目无名氏等的作品,可以依照《著作权法实施条例》第十三条的规定,由作品原件的所有人即图书馆行使除署名权以外的著作权。当作者身份确定后,由作者或其继承人行使著作权。

• 确定个人作者的生卒年

根据我国著作权法的规定,公民作品的权利保护期为作者终生及其死亡后五十年,因此,判断个人作者的生卒年,尤其是卒年是甄别作品是否进入公有领域的核心方法。判断个人作者的生卒年相对困难,一些名人作家可以通过一些权威出版机构出版的权威工具书进行查找,例如:《中国近现代名人生平暨生卒年录1840—2000》《民国人物大辞典》《中国近现代人物名称大辞典》《外国人名辞典》等。但对名气不大且作品量少的作者则只能通过其作品的研究领域,或查阅作者个人的族谱、家谱,作者籍贯的地方志等途径去追寻蛛丝马迹来证明其生卒年。其间,还需要辨别同名作者、同一作者的不同笔名、佚名作者的真实姓名等。

• 确定作品的发表时间

根据我国《著作权法》的规定,法人或其他组织作品的权利保护期为首次发表后的五十年,但作品自创作完成后五十年内没有发表的,不再受著作权法保护。所以,甄别作品的发表时间,主要目的是为了判断团体作品是否进入公有领域,以及判断作品是否仍处于版式设计权利保护期,通常是以版权页或书名页上的出版时间为准。

• 确定著作方式的内涵

著作方式通常能够说明作者对作品所进行的创造性劳动,如果作品只有单一的著作方式,则通常只需要考证该著作方式的所有作者的生卒年,或团体作品的发表时间即可。如果作品有多个不同的著作方式,则往往不属于合著,其著作权并不当然属于所有署名作者。例如:在版权页的作者项上明确写着某人著,某人推荐。该种情形中,结合作品内容能够判断推荐者显然没有参与任何创作,则该作者不能享有该作品的著作权。此类著作方式还包括藏、发行、采集、阅等。

• 确定版式权保护期

我国《著作权法》第三十六条规定,出版者有权许可或者禁止他人使用其出版的图书、期刊的版式设计。其权利的保护期为十年,截止于使用该版式设计的图书、期刊首次出版后第十年的12月31日。所以,对于图书和期刊,除了需要考虑的作品的权利保护期,还需要考虑出版者的版式设计权的权利保护期。满足前者条件,即可以不加限制的使用作品内容;满足后者条件,即可以不加限制的利用作品的形式。

• 其他

对于符合《著作权法》第十六条中的职务作品,即①主要是利用法人或者其他组织的物质技术条件创作,并由法人或者其他组织承担责任的工程设计图、产品设计图、地图、计算机软件等职务作品;②法律、行政法规规定或者合同约定著作权由法人或者其他组织享有的职务作品。署名作者只享有署名权,其他的相关著作权是归法人或其他组织的,即同法人或者其他组织作品的甄别方法。此外,对于合作作品、翻译作品以及多责任方式的作品,如果版权页或书名页中明确了署名,那么对于所有的署名作者都需要进行具体甄别。

除了上述的普通中文图书的公有领域甄别方法外,其他类型的作品公有领域的甄别方法有所不同,具体方法见表8。

表8　公有领域作品甄别方法

作品类型	公有领域作品甄别方法
地方志	由政府主持撰修的方志、地方官署名的方志、作者为法人及其他团体的方志,发表满五十年的为进入公有领域作品。其他地方志进入公有领域的条件是个人作者已经死亡满五十年。若有多位作者,需查证各作者的情况均满足条件。
期刊	需查证每一篇文章作者的情况。自然人作者已经死亡满五十年,法人及其他团体作者的作品已经发表满五十年的,为公有领域作品。若有多位作者,需查证各作者的情况均满足条件。
报纸	时事新闻不受著作权法保护。其他需查证每篇文章作者的情况,自然人作者已经死亡满五十年,法人及其他团体作者的作品已经发表满五十年的,为公有领域作品。若有多位作者,需查证各作者的情况均满足条件。

续表

作品类型	公有领域作品甄别方法
老照片	老照片已经发表满五十年的,或自创作完成后五十年内未发表的,为公有领域作品。
美术作品(如字画、年画等)	自然人作者已经死亡满五十年,法人及其他团体作者的作品已经发表满五十年的,为公有领域作品。若有多位作者,需查证各作者的情况均满足条件。
手稿、信件	自然人作者已经死亡满五十年,法人及其他团体作者的作品已经发表满五十年的,为公有领域作品。若有多位作者,需查证各作者的情况均满足条件。
音视频	已经发表满五十年的,或自创作完成后五十年内未发表的作品,为公有领域作品。
其他	按照《著作权法》规定甄别。

4)充分利用公有领域作品

目前,充分利用不受版权限制的公有领域资源日益引起各国图书馆界的重视,并在公共领域资源的版权甄别与利用推广方面陆续开展了实践性项目。各国图书馆的公有领域研究情况主要涉及音视频资源、孤儿作品、文献数字化、政府信息、其他公共领域资源的提供及利用、开放获取、图书馆的作用解读、数字资源保存等多个方面。例如,2002 年,日本国立国会图书馆开始实施“近代电子图书馆”计划,对明治、大正(1868—1921 年)时期的图书开展大规模的版权甄别工作并提供网络服务;2009 年 5 月,继向 Internet Archive 捐献 7 万件数字化公有领域资源后,美国康奈尔大学图书馆解除对这部分资源的使用限制;2009 年 9 月,纽约公共图书馆开始为用户提供 50 万册公有领域图书的按需数字化服务;2009 年 3 月,欧洲 10 个国家、18 所图书馆开始提供对数字化的公有领域图书按需出版的服务。2010 年 2 月,英国国家图书馆决定,将免费让亚马逊公司电子阅读器 Kindle 的用户下载该馆珍藏的6.5万多本19世纪的小说。谷歌公司在其 Google Book Search 项目中对公有领域图书提供了全文阅览服务。

综上所述,开发利用公有领域作品,有利于真正实现著作权法的价值,平衡著作权人和利用者的权益,将近现代作品的版权状态明确化,通过先进的技术手段,向广大利用者提供这些毫无利用风险的公有领域作品,为更多的新作品提供形式和内容方面的借鉴,这是图书馆作为优秀文明的传承者的责任,进而达到联合国的《世界人权宣言》中第二十七条第一款所称"人人有权自由参加社会的文化生活,享受艺术,并分享科学进步及其产生的福利"的目的。

4.3.2 利用合理使用制度

(1)案例分析

【案例1:"共享工程"对合理使用制度的利用】①

2002年文化部、财政部共同组织实施的"全国文化信息资源共享工程"是我国公共文化服务体系的创新工程。共享工程结合实际,充分利用中国著作权法律法规中有利于推动共享工程发展的有关条款,合理利用社会资源,促进信息传播。例如,依据《著作权法》和《信息网络传播权保护条例》的相关规定,按照合理使用原则将中国公民、法人或者其他组织已经发表的以汉语言文字创作的作品翻译成少数民族语言文字作品;共享工程网站文化新闻栏目精选国内主流知名权威网站,如人民网、新华网、中新网等所刊载的符合共享工程使用要求的文化新闻进行转载,完全保留原本的格式,注明转载出处。

① 文化部全国文化信息资源建设管理中心.共享工程知识产权保护现状与思考[R].北京:全国数字图书馆建设与服务联席会议第十三次会议,2012.

【案例2:王某等诉某学校超合理使用限度翻印其作品供教学使用】

1994年,原告王某等四人共同编著《新编高等数学题解》一书(以下简称《题解》),并由华中理工大学出版社出版发行。为满足学生学习高等数学的需要,某学校自考分院决定为学生配备《题解》,翻印《题解》300套。翻印后,自考分院将270套《题解》以每套21元分发给公路工程专业、高等级公路管理专业学生及教师。

原告王某等四人向法院提起诉讼,诉称,被告私自翻印由原告四人共同编著的《题解》,给原告在经济和名誉上都造成了损失,要求判令赔偿损失并赔礼道歉。

被告辩称,翻印300套《题解》是为课堂教学所需,未对外销售,也未盈利,符合我国《著作权法》第二十二条合理使用的有关规定,不构成侵权,不应承担民事责任。

法院经审理认为:被告未征得原告同意,擅自翻印原告作品300套,虽用于教学,但数量较多,影响了原告作品的正常发行,且以此盈利1620元,其行为构成侵权,给原告造成了经济损失及一定的精神损害,应承担侵权的赔偿责任。

(2)操作建议

1)了解我国可适用于图书馆的合理使用规定

《著作权法》的目的是既保护著作权人的权利,又鼓励作品的传播,因此,在保护著作权人权利的同时,也给予公众和图书馆、档案馆等公益机构一定的合理使用权利,图书馆在对版权保护期内文献资源进行数字化及提供使用的过程中,可以充分地利用这些合理使用条款的规定。

在我国现行的著作权法律体系中,可适用于图书馆的著作权合理使用主要体现为3类:明确固定使用主体为图书馆的合理使用、明确规定适用主体但图书馆也可适用的合理使用和只规定目的而没有明确规定适用主体的合理使用。这3个方面的合理使用主要分布在《著作权法》《信息网络传播权保护条例》《计算机软件保护条例》中(详见表9)。

表9 我国可适用于图书馆的合理使用规定

法律法规	合理使用条款
中华人民共和国著作权法(2010修正)	**第二十二条** 在下列情况下使用作品,可以不经著作权人许可,不向其支付报酬,但应当指明作者姓名、作品名称,并且不得侵犯著作权人依照本法享有的其他权利: …… (六)为学校课堂教学或者科学研究,翻译或者少量复制已经发表的作品,供教学或者科研人员使用,但不得出版发行; …… (八)图书馆、档案馆、纪念馆、博物馆、美术馆等为陈列或者保存版本的需要,复制本馆收藏的作品; ……
信息网络传播权保护条例(2013修正)	**第六条** 通过信息网络提供他人作品,属于下列情形的,可以不经著作权人许可,不向其支付报酬: …… (三)为学校课堂教学或者科学研究,向少数教学、科研人员提供少量已经发表的作品; …… (五)将中国公民、法人或者其他组织已经发表的、以汉语言文字创作的作品翻译成的少数民族语言文字作品,向中国境内少数民族提供; (六)不以营利为目的,以盲人能够感知的独特方式向盲人提供已经发表的文字作品; (七)向公众提供在信息网络上已经发表的关于政治、经济问题的时事性文章; (八)向公众提供在公众集会上发表的讲话。

续表

法律法规	合理使用条款
信息网络传播权保护条例（2013修正）	**第七条** 图书馆、档案馆、纪念馆、博物馆、美术馆等可以不经著作权人许可，通过信息网络向本馆馆舍内服务对象提供本馆收藏的合法出版的数字作品和依法为陈列或者保存版本的需要以数字化形式复制的作品，不向其支付报酬，但不得直接或者间接获得经济利益。当事人另有约定的除外。 前款规定的为陈列或者保存版本需要以数字化形式复制的作品，应当是已经损毁或者濒临损毁、丢失或者失窃，或者其存储格式已经过时，并且在市场上无法购买或者只能以明显高于标定的价格购买的作品。
计算机软件保护条例（2013修正）	**第十七条** 为了学习和研究软件内含的设计思想和原理，通过安装、显示、传输或者存储软件等方式使用软件的，可以不经软件著作权人许可，不向其支付报酬。

2）严格遵守合理使用的限制条件

例如，《著作权法》第二十二条第（六）项规定，“为学校课堂教学或者科学研究，翻译或者少量复制已经发表的作品，供教学或者科研人员使用，但不得出版发行”的情形，为合理使用。这项规定将可复制的范围限定在已经发表的作品，这表明，未发表但受版权保护的作品，除法律或合同另有规定的外，图书馆不得出于研究或学习的目的为用户提供复制件（或将其数字化）。在数量限定上，我国没有作出量化规定，只是宽泛地限定为“少量”，一般来说，应当谨慎提供整部作品的复印（数字化）。

《信息网络传播权保护条例》第七条规定，图书馆可为陈列或者保存版本需要以数字化形式复制作品，但这些作品“应当是已经损毁或者濒临损毁、丢失或者失窃，或者其存储格式已经过时，并且在市场上无法购买或者只能以明显高于标定的价格购买的作品”。不满足上述限定条件的,不适用于合理使用的情形。

《信息网络传播权保护条例》第六条规定,“通过信息网络提供他人作品,属于下列情形的,可以不经著作权人许可,不向其支付报酬:……(六)不以营利为目的,以盲人能够感知的独特方式向盲人提供已经发表的文字作品”。第十一条规定,“通过信息网络提供他人表演、录音录像制品的,应当遵守本条例第六条至第十条的规定”。上述条款规定的合理使用严格限定了只能以盲人能够感知的独特方式提供,所以该独特方式应该仅限于盲人能够感知,如果同样适用于正常人,将被排除在合理使用的范围外;其次,对于所提供作品的形式也做出了限定,规定为“文字作品”和“他人表演、录音录像制品”,其他类型的作品不包含在合理使用范围内;第三,向盲人提供服务要确保“不以营利为目的”。

另外,利用合理使用条款进行数字资源建设与服务时,不得影响该作品的正常使用,也不得不合理地损害著作权人的合法利益,案例2中被告之所以败诉,正因为其行为已经影响了著作权人的合法利益,不符合著作权合理使用制度所追求的利益平衡,超出了合理使用规定情形的范围。

3)必须指明作者姓名、作品名称

署名权是著作权人的重要精神权利,依据《著作权法》第二十条、第二十二条的规定,该权利是不受保护期限制的。因此,在对馆藏文献数字化或提供局域网使用、向少数民族或盲人提供数字资源等合理使用的过程中,应当指明作者姓名、作品名称。

4)不得修改作品权利管理信息

权利管理信息是行使版权的手段,对于强化网上信息的知识产权保护,维护网络的健康发展具有重要意义。许多国际公约及信息化程度较高的国家普遍对权利管理信息给予保护。我国《著作权法》第四十八条第(七)项规定,未经著作权人或者与著作权有关的权利人许可,故意删除或者改变作品、录音录像制品等的权利管理电子信息的,应承担相应的侵权责任。因此,利用合理使用条款进行数字资源建设与服务过程中，不能删除或者修改原作品上的权利管理信息。

5）采取技术保护措施，防止资源非法传播

技术保护措施（Technological Protection Measures，TPM），是指版权人和相关权利人为了有效控制、防范或者防止他人非经授权访问接触作品，或以复制、发行、传播、修改的方式使用其作品而采取的技术上的保护措施。[①] 图书馆在依据《信息网络传播权保护条例》第七条规定向用户提供信息服务的时候，还应当履行该条例第十条第（四）项规定的义务，采取技术保护措施，防止"图书馆馆舍以外的其他人"获得著作权人的作品，并防止"图书馆馆舍内的服务对象"的复制行为对著作权人利益造成实质性损害。[②]

在馆舍内向盲人提供数字资源服务时，图书馆需要保证不以营利为目的，只向盲人提供数字化的资源供他们听或触摸式阅读；如果在网络上向盲人提供数字资源服务，需要利用必要技术手段研发盲人登录系统，严格限制使用者身份，保护著作者的权益，避免版权纠纷；同时使用相关技术对数字资源进行保护，严格控制超出服务对象之外的传播。

4.3.3 利用法定许可制度

（1）案例分析

【案例："共享工程"向农村地区推送资源】[③]

《信息网络传播权保护条例》第九条规定，为扶助贫困，通过信息网络向农村地区的公众免费提供中国公民、法人或者其他组织已经发表的种植养殖、防病治病、防灾

① 江向东. 版权制度下的数字信息公共传播[M]. 北京：北京图书馆出版社，2005：273.

② 李华伟等. 数字版权授权的多样性获得及其在国家数字图书馆工程中的应用研究[R]. 北京：国家图书馆，2012.

③ 文化部全国文化信息资源建设管理中心. 共享工程知识产权保护现状与思考[R]. 北京：全国数字图书馆建设与服务联席会议第十三次会议，2012.

减灾等与扶助贫困有关的作品和适应基本文化需求的作品，网络服务提供者应当在提供前公告拟提供的作品及其作者、拟支付报酬的标准。“共享工程”依据此条规定实行“公告制”法定许可使用，通过采用现代通信技术和网络技术，消除不同地区在获取文化信息资源上的不平等，使文化信息能够经济、快速地传送到各地，使老少边穷地区的群众也能享受到优秀文化精品，实现文化信息资源在全国范围的共建共享。

(2)操作建议

1)了解我国可适用于图书馆的法定许可规定

法定许可与合理使用的区别主要在于法定许可需支付报酬，而合理使用不需支付报酬。《著作权法》对法定许可规定了四种情况：期刊转载、文艺团体表演、录音唱片制作录音制品、广播电台和电视台使用他人已发表的作品制作广播和电视节目；但著作权人声明不许使用的则不得使用，否则构成侵权。法定许可使用作品必须具备以下条件：第一，许可使用的作品必须是已经发表的作品；第二，使用作品应当向著作权人支付报酬；第三，著作权人未发表不得使用的声明；第四，不得损害被使用作品和著作权人的权利。

在我国著作权法律法规中，图书馆适用的法定许可情形主要是《信息网络传播权保护条例》第九条的规定：“为扶助贫困，通过信息网络向农村地区的公众免费提供中国公民、法人或者其他组织已经发表的种植养殖、防病治病、防灾减灾等与扶助贫困有关的作品和适应基本文化需求的作品，网络服务提供者应当在提供前公告拟提供的作品及其作者、拟支付报酬的标准。自公告之日起30日内，著作权人不同意提供的，网络服务提供者不得提供其作品；自公告之日起满30日，著作权人没有异议的，网络服务提供者可以提供其作品，并按照公告的标准向著作权人支付报酬。网络服务提供者提供著作权人的作品后，著作权人不同意提供的，网络服务提供者应当立即删除著作权人的作品,并按照公告的标准向著作权人支付提供作品期间的报酬。依照前款规定提供作品的,不得直接或者间接获得经济利益。”

2)严格遵守法定许可条款的使用要求

与城市地区相比,农村地区的公众由于多种条件的限制,所接触的文化资源有限。为改善这一状况,国家制定的法律法规充分考虑到文化扶贫工作的重要性,《信息网络传播权保护条例》第九条即出于这种考虑,规定了通过信息网络向农村地区的公众提供作品的情形,特意对广大农村地区以政策支持,给予了公益性文化传播机构著作权例外的待遇。图书馆在使用这一规定提供数字资源时,需注意以下问题:

- 提供资源必须是以扶助贫困为目的,且不得直接或者间接获得经济利益。
- 符合《信息网络传播权保护条例》第九条规定的资源类型为中国公民、法人或者其他组织已经发表的种植养殖、防病治病、防灾减灾等与扶助贫困有关的作品和适应基本文化需求的作品、表演、录音录像制品。
- 图书馆不得提供著作权人事先声明不许提供的作品。
- 图书馆应当在提供前公告拟提供的作品及其作者、拟支付报酬的标准。自公告之日起 30 日内,著作权人不同意提供的,网络服务提供者不得提供其作品;自公告之日起满 30 日,著作权人没有异议的,网络服务提供者可以提供其作品,并按照公告的标准向著作权人支付报酬。网络服务提供者提供著作权人的作品后,著作权人不同意提供的,网络服务提供者应当立即删除著作权人的作品,并按照公告的标准向著作权人支付提供作品期间的报酬。
- 图书馆在提供资源时,须指明作品的名称和作者的姓名(名称),并且不得侵犯著作权人依法享有的其他权利。
- 图书馆在提供资源时,需要采取技术措施,防止除农村地区公众以外的其他人获得著作权人的作品。

4.3.4 利用其他法律法规与政策支持

(1)案例分析

【案例1:孤儿作品与绝版图书数字化及利用】

在版权领域,目前国际上图书馆界关注的热点主要是孤儿作品(orphan work)和绝版(out of distribution)作品问题。“孤儿作品”是指版权所有人身份不明或者版权的当前持有人无法找到的作品。“绝版作品”是指已停止发行的作品。这两类资源在图书馆的馆藏中占有一定规模,据英国国家图书馆估计,其版权保护期内的馆藏40%是孤儿作品。[①] 目前各国纷纷在研究如何应对孤儿作品与绝版作品的难题,2012年10月27日,欧盟在其《官方公报》上正式公布关于“孤儿作品”的指令,规定图书馆、教育机构、博物馆、档案馆、视听资料以及公共广播机构等公益性机构可将孤儿作品馆藏数字化和提供公益性使用。法国在绝版作品的数字化利用上已取得了较大的进展。2012年3月初,法国政府通过一项法律,允许对20世纪约50万种不可或缺的版权保护期内作品进行数字化及销售,由法国国家图书馆制作数字化文献目录,并对该计划进行监督。[②]

【案例2:“共享工程”建设的政策支持】[③]

在《文化部、财政部关于进一步加强全国文化信息资

① European Union New Renaissance Report on Digitizing Cultural Heritage[R/OL].[2011-06-01]. http://ec. europa. eu/information_society/activities/digital_libraries/doc/reflection_group/final-report-cdS3. pdf.

② France to Digitize "Indispensable" Books[EB/OL].[2012-03-15]. http://www. theatlanticwire. com/entertainment/2012/03/france-digitize-indispensable-books-jodi-picoults-ya-book/49543/.

③ 文化部全国文化信息资源建设管理中心. 共享工程知识产权保护现状与思考[R]. 北京:全国数字图书馆建设与服务联席会议第十三次会议,2012.

源共享工程建设的意见》(厅字[2005]5号)中规定,“各级党委、政府和有关部门要积极支持‘工程’的资源建设。‘工程’属于政府向全社会提供的公共文化服务,是公益性文化事业。改革开放前由国家投资生产的电影等作品,‘工程’可以无偿使用。今后各级政府和有关部门投资或部分投资创作的各类作品,应当事先与有关单位或者个人就该作品的著作权归属问题签订协议,协议确定由政府或者政府有关部门享有著作权的,‘工程’可以无偿使用该作品。”在此政策的支持下,文化共享工程通过免费获取的方式得到上述资源的使用权。如文化部将用于对外宣传的数十部文化专题片提供共享工程使用;国庆六十年期间,通过文化部协调无偿获得《复兴之路》的播放权,国庆六十年优秀剧目展演的节目共享工程可播映。

【案例3:中国政府公开信息整合服务平台建设】

2008年5月1日起施行的《中华人民共和国政府信息公开条例》第十六条规定,各级人民政府应当在国家档案馆、公共图书馆设置政府信息查阅场所,并配备相应的设施、设备,为公民、法人或者其他组织获取政府信息提供便利。行政机关应当及时向国家档案馆、公共图书馆提供主动公开的政府信息。

根据条例赋予的职责,国家图书馆联合公共图书馆共同建设中国政府公开信息整合服务平台,为社会提供政府信息服务,通过全面采集并整合我国各级政府公开信息,构建一个方便、快捷的政府公开信息整合服务门户,使用户能够一站式地发现并获取政府公开信息资源及相关服务。2009年4月30日,中国政府公开信息整合服务平台正式开通服务。

中国政府公开信息整合服务平台的终极目标是联合

全国省、市、区、县各级公共图书馆采用分层建设、共建共享的模式完成政府信息的整合与服务，由国家图书馆整合中央级的政府信息，省、市、区、县图书馆整合本行政区的政府信息，通过合作共建实现公共图书馆在政府公开信息整合开发方面的统筹协调发展，以实现对各级政府信息资源的收集、整理、保存、开发、利用并服务于公众。[①]

(2)操作建议

1)了解我国可适用于图书馆的其他法律法规与政策支持

除了公有领域作品、《著作权法》规定合理使用和法定许可的情形，在相关法律法规和文化政策中还有一些在图书馆在数字资源建设与服务中适用的其他支持，主要分布在《著作权法实施条例》和《信息网络传播权保护条例》中。此外，《政府信息公开条例》也对图书馆提供政府信息的服务给予了政策支持。

表 10　可适用于图书馆的其他法律法规与政策支持

法律法规政策	可适用于图书馆的主要规定
中华人民共和国著作权法实施条例(2013 修正)	**第十三条**　作者身份不明的作品，由作品原件的所有人行使除署名权以外的著作权。作者身份确定后，由作者或者其继承人行使著作权。

① 中国政府公开信息整合服务平台[EB/OL].[2013－04－04].http://govinfo.nlc.gov.cn/gywm/.

续表

法律法规政策	可适用于图书馆的主要规定
中华人民共和国信息网络传播权保护条例(2013修正)	**第十二条** 属于下列情形的,可以避开技术措施,但不得向他人提供避开技术措施的技术、装置或者部件,不得侵犯权利人依法享有的其他权利: (一)为学校课堂教学或者科学研究,通过信息网络向少数教学、科研人员提供已经发表的作品、表演、录音录像制品,而该作品、表演、录音录像制品只能通过信息网络获取; (二)不以营利为目的,通过信息网络以盲人能够感知的独特方式向盲人提供已经发表的文字作品,而该作品只能通过信息网络获取。 ……
中华人民共和国政府信息公开条例(2007)	**第十六条** 各级人民政府应当在国家档案馆、公共图书馆设置政府信息查阅场所,并配备相应的设施、设备,为公民、法人或者其他组织获取政府信息提供便利。 行政机关可以根据需要设立公共查阅室、资料索取点、信息公告栏、电子信息屏等场所、设施,公开政府信息。 行政机关应当及时向国家档案馆、公共图书馆提供主动公开的政府信息。
中共中央办公厅、国务院办公厅转发《文化部、财政部关于进一步加强全国文化信息资源共享工程建设的意见》(厅字[2005]5号)	各级党委、政府和有关部门要积极支持"工程"(全国文化信息资源共享工程)的资源建设。"工程"属于政府向全社会提供的公共文化服务,是公益性文化事业。改革开放前由国家投资生产的电影等作品,"工程"可以无偿使用。今后各级政府和有关部门投资或部分投资创作的各类作品,应当事先与有关单位或者个人就该作品的著作权归属问题签订协议,协议确定由政府或者政府有关部门享有著作权的,"工程"可以无偿使用该作品。

2)使用作者身份不明的作品

我国著作权法律法规尚未对孤儿作品的使用做出明确规定,仅在《著作权法实施条例》中有针对作者身份不明的作品如何行使著作权的条款,这是图书馆可资利用的一项规定。作者身份不明的作品是指无法确定作者的作品。根据著作权法的规定,如没有相反证明,作品上署名的公民、法人或者其他组织为作者。但是,在实践中,某些作品可能没有署名,这就难以确定该作品的作者,也就是无法确定该作品的著作权人。为了便于这类作品著作权的行使,《著作权法实施条例》规定,作者身份不明的作品,由作品原件的所有人行使除署名权以外的著作权;作者身份确定后,由作者或者其继承人行使著作权。

图书馆如果拥有作者身份不明作品的原件,可利用此条款开发和利用该作品。其中需注意以下问题:

①确定作者身份不明:作品为佚名作者,且经过合理的勤勉查询以后,仍无法判断作者身份。

②确定拥有作品原件:作品的原件是指手稿、书信、字画、照片等作品最初产生的区别于复制件的原始文件,图书馆要利用上述条款规定行使作品著作权,必须拥有作品的原件。

③保护作品署名权:尽管作品上可能没有署名,图书馆仍要保护作者的署名权,不得使用其他公民或法人名称署名。

④一旦确定作者身份,图书馆应停止开发与利用该作品,在法律允许的前提下(如已进入公有领域)或征得作者或其继承人同意后方可使用。

3)提供政府公开信息

《中华人民共和国政府信息公开条例》赋予了公共图书馆提供政府公开信息的权利,公共图书馆可不经过许可提供,且无需支付报酬。图书馆在提供此类信息服务时需注意以下问题:

- 可提供的信息为属于行政机关,法律、法规授权的具有管理公共事务职能的组织所产生的公开信息。

• 可提供的信息包括法律、法规，国家机关的决议、决定、命令和其他具有立法、行政、司法性质的文件，及其官方正式译文；涉及公民、法人或者其他组织切身利益的；需要社会公众广泛知晓或者参与的；反映行政机关机构设置、职能、办事程序等情况的；国民经济和社会发展规划、专项规划、区域规划及相关政策；国民经济和社会发展统计信息等属于《政府信息公开条例》规定的公开范围的信息。

• 涉及国家秘密、商业秘密、个人隐私的政府信息不得提供，法律规定可以提供的除外。

• 行政机关、公共事务管理部门网站发布的信息，不属于政府公开信息范围的，图书馆如果进行采集、转载等操作，需取得著作权人的许可。

4.4 获取著作权授权

4.4.1 著作权人授权机制

(1)案例分析

【案例:多家图书馆通过著作权人获取授权】

在数字资源开发与利用过程中，许多图书馆注意保护著作权，通过著作权人获得授权。一些图书馆提供在线培训或讲座服务时，通过与培训教师、讲座主讲人签订合同或通过授权书取得授权，对培训、讲座进行拍摄、编辑，通过互联网向大众提供服务。例如，黑龙江省图书馆建设的非物质文化遗产数据库，与文字作品作者、图片拍摄者、音乐作者、表演者、视频制作者等著作权人签署非专有许可使用合同，约定黑龙江省图书馆享有“信息网络传播权、放映权、广播权、复制及建立镜像、翻译权、汇编权、展览权、表演权等，用于公益性使用”。

接受捐赠是图书馆资源建设的方式之一。无偿获得著作权人的版权转让与授权，既可以节约图书馆版权建设经费，又能促进文化资源的广泛传播，对图书馆与权利人而言是互惠双赢的模式。1971 年发起的数字图书馆项目“古登堡计划（Project Gutenberg）”中的部分资源就来自于著作权人的捐赠，他们将作品的非专有使用权捐赠给此项目提供用户服务。① 近年来，国家图书馆积极争取作品的著作权人捐赠数字版权或无偿授予使用权，目前已接受千余种正式出版物的数字版权捐赠；“共享工程”动员和鼓励著作权人将其作品版权捐赠，先后得到张岱年、任继愈、戴逸、汤一介、冯其庸、启功、王蒙、厉以宁、何祚庥、华君武、江平、郑成思、袁行霈、陈平原、卓新平、卞祖善等颇负盛名的学界泰斗和青年才俊以及社会各界数百位作者捐赠的数以千万字计文字作品和大量美术与照片资料的信息网络传播权。②

（2）操作建议

根据著作权法律法规中的“先授权后传播”原则，除了公有领域资源、合理使用与法定许可等著作权权利限制与例外等特殊情形外，图书馆将版权保护期内的作品数字化和提供使用，必须先获得著作权人的授权。获得著作权人的授权有两种方式：一种是与著作权人订立许可使用合同，获得作品的使用权，包括复制权（包括但不限于数字化形式的复制、加工和整合等）、展览权、放映权、广播权、信息网络传播权等权利的使用权；另一种是与著作权人订立权利转让合同，获得作品除精神性权利（包括署名权、发表权、修改权和保护作品完整权）以外的部分或全部著作财产权，包括但不

① Wikipedia. Project Gutenberg[EB/OL].[2011 - 03 - 22]. http://en.wikipedia.org/wiki/Project_Gutenberg#Scope_of_collection.

② 文化部全国文化信息资源建设管理中心.共享工程知识产权保护现状与思考[R].北京：全国数字图书馆建设与服务联席会议第十三次会议，2012.

限于数字化方式的复制权、信息网络传播权等。图书馆在通过著作权人获得授权过程中应注意下列事项。

1)确定著作权归属

图书馆获得著作权人的授权需要与其签订许可使用合同或著作权转让合同,因此需要确定著作权的归属,从享有权利的公民、法人或其他组织获取授权。《著作权法》第十一条规定,“著作权属于作者,本法另有规定的除外。创作作品的公民是作者。由法人或者其他组织主持,代表法人或者其他组织意志创作,并由法人或者其他组织承担责任的作品,法人或者其他组织视为作者。如无相反证明,在作品上署名的公民、法人或者其他组织为作者”。除上述一般情况外,《著作权法》对特殊作品的著作权归属还有特殊的规定(详见表11)。

表11　著作权归属

作品类型	著作权归属	备注
改编、翻译、注释、整理已有作品而产生的作品	改编、翻译、注释、整理人	行使著作权时不得侵犯原作品的著作权。
两人以上合作创作的作品	合作作者	没有参加创作的人,不能成为合作作者。
合作作品可以分割使用的	作者对各自创作的部分可以单独享有	行使著作权时不得侵犯合作作品整体的著作权。
汇编作品	汇编人	行使著作权时,不得侵犯原作品的著作权。
电影作品和以类似摄制电影的方法创作的作品	制片者	编剧、导演、摄影、作词、作曲等作者享有署名权并有权获得报酬。

续表

作品类型	著作权归属	备注
职务作品	作者	作品完成两年内，未经单位同意，作者不得许可第三人以与单位使用的相同方式使用该作品。
职务作品	作者享有署名权，著作权的其他权利由法人或者其他组织享有	(一)主要是利用法人或者其他组织的物质技术条件创作，并由法人或者其他组织承担责任的工程设计图、产品设计图、地图、计算机软件等职务作品； (二)法律、行政法规规定或者合同约定著作权由法人或者其他组织享有的职务作品。
受委托创作的作品	合同约定归属；未作约定的，著作权属于受托人	
美术作品	作者享有著作权；原件所有人享有展览权	
作者去世的作品	继承人	
法人或者其他组织作者变更、终止的作品	承受其权利义务的法人或者其他组织或国家享有	
签订了著作权转让合同的作品	作者与受让方按合同约定分别享有部分著作权	

2)审查著作权人是否具备授权资格

首先,要审核著作权人是否具备相应的主体资格。转让方是自然人的,应具备相应的民事行为能力和民事责任能力;转让方是法人或其他组织的,应是依法成立,合法存续,具备持续经营能力的实体。①

其次,要审核著作权人是否有权自由地转让该著作权或许可授权。例如,职务作品完成两年内,未经单位同意,作者不得许可第三人以与单位使用的相同方式使用该作品,在这种情况下作者没有权利单独自由地许可图书馆使用作品。如果著作权人将其著作权中的财产权出质,将该财产权作为债权的担保,即进行了著作权质押,那么著作权人不得擅自转让或许可他人使用已出质的著作权中的财产权,除非出质人已征得质权人同意。如果著作权人已排他性授权第三方使用,例如将信息网络传播权等独家授权给出版社,则在排他性授权期限内著作权人没有权利将该作品授权图书馆使用。

3)签订著作权许可使用或转让合同

图书馆使用他人作品,无论是有偿获得授权还是接受著作权捐赠,都应当同著作权人订立许可使用合同,严格按照合同约定使用作品。许可使用合同包括下列主要内容:

- 许可使用的权利种类,为满足图书馆将作品的数字化与提供服务等需求,至少应包括复制权与信息网络传播权等;
- 许可使用的权利是专有使用权或者非专有使用权,一般而言,图书馆的使用作品要求非专有使用权即可;
- 许可使用的地域范围、期限,例如局域网、互联网或认证用户使用,是否能与其他机构共享,是永久授权还是有使用期限;
- 付酬标准和办法;
- 双方的违约责任;

① 李华伟等.数字版权授权的多样性获得及其在国家数字图书馆工程中的应用研究[R].北京:国家图书馆,2012.

- 双方认为需要约定的其他内容。

著作权人将著作财产权转让给图书馆时，图书馆也应当与其订立书面合同，严格按照合同约定使用作品。权利转让合同包括下列主要内容：

- 作品的名称；
- 转让的权利种类、地域范围；
- 转让价金；
- 交付转让价金的日期和方式；
- 违约责任；
- 双方认为需要约定的其他内容。

4)解决版式设计权等其他相关权利问题

除了著作权人的权利外，著作权法还保护出版者的权利、表演者的权利、录像制品制作者的权利、录音制作者的权利、电视台对其制作的非作品的电视节目的权利、广播电台的权利，在与著作权人签署相关合同获得授权的同时，图书馆还应获得上述权利的授权。例如，根据《著作权法》第三十五条规定，"出版者有权许可或禁止他人使用其出版的图书、期刊的版式设计。前款规定的权利的保护期为十年"。目前图书馆开发与利用馆藏资源，大多采用通过扫描等技术将传统纸质作品数字化的方式。这个过程不单涉及作者的权利，而且还需要考虑出版社的版式设计权，如果在十年保护期内，未经出版社同意的情况下擅自将作品数字化，将构成对其版式设计权的侵犯，因此图书馆将出版时间未超过十年的图书、期刊数字化，除了需要取得著作权人授权外，还需要获得出版社的版式设计权授权。

4.4.2 出版商授权机制

(1)案例分析

【案例："国家图书馆文津图书奖"参评图书授权】

"国家图书馆文津图书奖"是国家图书馆主办的公益

性图书评奖活动，每年举办一次，评选范围包括哲学、社会科学和自然科学类的大众读物，侧重于能够传播知识、陶冶情操，提高公众的人文素养和科学素养的普及类图书。获奖图书通过社会投票与专家评审相结合的方式产生。为了方便社会大众参与评奖活动，国家图书馆需对参评图书进行数字化，在官网上设立阅读平台，方便读者检索、阅读，参与评选投票。由于涉及网上评选的图书都尚在版权保护期内，因此每届图书奖，图书馆都会组织专人联系出版社，从出版社获取相关权利授权，签署授权协议，并根据授权内容、授权期限在授权范围内发布使用。协议到期后，根据出版社实际拥有图书版权情况，联系续约事宜。对于协议到期又未能续约的图书，则会将图书具体内容从网站上及时删除，仅保留图书基本信息介绍。

通过出版商获取授权具有多方面的优势。首先，作品在出版发行之时，出版商可通过与著作权人签署出版合同，从权利人手中获取复制权、信息网络传播权等权利的授权。其次，部分出版商已将本社的资源进行整合，制作成数据库，将本社的全部或部分内容通过数据库平台提供。例如 Springer 出版社的 SpringerLink 就是在其电子出版服务平台上同时提供电子期刊、电子图书、电子丛书和大型电子工具书等在线资源；中国社会科学文献出版社的皮书数据库保存整理了该社年度报告类科研成果，包含以皮书和专项研究报告为内容的七个子数据库。再次，根据《著作权法》第三十五条规定，出版者享有图书的版式设计权，且保护期限为十年。另外，出版社在版权解决方面有较丰富的经验积累和可行模式，获取的权利较为清晰，版权瑕疵较少。通过出版社获得作品授权，同时解决复制权、信息网络传播权、版式设计权等权利的授权问题，可以减少多方交易的繁琐。

(2)操作建议

因此，图书馆如想要将在版权保护期内的图书、期刊、音视频资源数字化后通过网络进行公益性使用，除了通过著作权人、著作权集体管理组织等方式获取授权外，还可以与图书、期刊、音视频等资源的出版社沟通，与出版社就资源的复制权、信息网络传播权、图书版式权等相关权利签订授权协议。在取得出版社的合法授权后，才能在网站上发布使用，否则即是侵权，且不能用“合理使用”或“没有营利”等理由加以规避侵权责任。在通过出版社获取授权时须注意如下问题。

1）审查出版社拥有的权利

通过出版社获取授权时，须确定资源的复制权、信息网络传播权等权利是否在原著作权人与出版社签订的出版合同中有明确约定，如果是音视频资源，须审查出版合同中对于表演者权利、录音录像制作者权利等相关权利的具体约定，明确出版社是否有权利转授，及出版合同是否已经到期等情况。如果图书馆所需要的相关权利仍由作者持有，或出版社不具有转授的权利，则需要联系作者取得授权。必要时，可要求出版社提供出版合同或相关权利部分条款的原件或复印件等相关证明性文件以供判别。

2）取得版式权授权

在合法获取文献复制权、信息网络传播权等权利授权的同时，图书馆如果要将文献原版原貌发布在网站供读者使用，且该图书或期刊的出版时间尚未超过十年，则应一并获得出版社的版式设计权授权。

3）约定版权无瑕疵承诺

协议中对授权方的权利及转授权、授权期限等要有明确约定。此外，在实际授权协议中，要保证授权方是真正的权利所有者，保证所提供授权的作品著作权为合法来源，没有侵害他人著作权和其他权利，且所拥有的相关权利无任何版权瑕疵，明确因版权瑕疵所导致的所有法律责任由承诺方即授权方承担。对于版权无瑕疵的承诺条款可以最大化降低图书馆的侵权风险，在一定程度上有效防止因合同方侵权而导致图书馆承担侵权连带责任。

4）探求双赢的版权授权方式

当前，我国出版界业已实现企业转制改革，多家出版社已开始或计划建设数字资源库，以应对数字时代发展的趋势和自负盈亏的生存压力。此外，出版商对于图书馆免费提供数字资源对其销售市场的影响也心存疑虑。在此种情况下，图书馆要从出版社直接获取资源的版权授权将比以往更加困难。对于出版商和图书馆来说，数字化已经是不可避免的趋势，如何寻找到契合各方利益达到多赢的模式是更为重要的问题，因此，图书馆可借鉴更加灵活的合作模式，拓展数字图书馆的资源覆盖面和提高参考咨询的价值。

以法国国家图书馆为例，其 Gallica 数字图书馆项目发端于1997 年，为读者提供免费获取数字资源的网络平台。Gallica 平台上的数字资源类型主要是：传统印刷品（专著、报刊、杂志）、手稿、音像资料、画集图册、卡片以及地图。除了部分来自于公有领域的图书馆藏之外，Gallica 与出版商和电子发行商开展合作。一方面，通过与参与合作的出版商和电子发行商签订授权协议（如是电子发行商还需提供获得数字出版商授权许可的承诺书，且证明该资源为独家发行），解决尚在版权保护期内的作品版权问题；另一方面，对于无法通过授权协议解决的资源，则可通过 Gallica 网站平台向读者提供资源基本信息的检索和查询，读者通过点击链接跳转到出版商或是电子发行商的原网站页面，并根据自身需要，按照不同出版商或是电子发行商的收费模式，选择在线咨询、下载、订购数据包、购买纸质图书或是租借电子数据等服务项目，获取资源。①

基于此，一方面图书馆可持续加强与出版界沟通，通过签署授权协议直接获取资源；另一方面，可参考 Gallica 数字图书馆的合作模式，探索与出版社的其他合作方式，互惠共赢，双管齐下，推动图书馆数字资源建设的可持续发展。

---

① Gallica：référencement de livres numériques soumis au droit d'auteur s[EB/OL].[2013-03-30]. http://www.bnf.fr/fr/collections_et_services/bibliotheques_numeriques_gallica/a.gallica_experimentation_offre_numerique.html.

4.4.3 数据库集成商授权机制

(1)案例分析

【案例1:国家科学图书馆“随易通”服务】

中国科学院国家科学图书馆采用“随易通”[分别采用“口令/密码”和“口令/密码/电子钥匙(E-Key)”两种认证方式]服务,使国家科学数字图书馆用户在任何地点上网,均可查询所在单位购买开通的数据库信息服务内容,[①]极大地便利了图书馆用户获取数字资源。

【案例2:国家图书馆以“国家许可”方式获取授权】

国家许可(National License)是指通过政府购买资源的使用权供全国无偿使用的方式,即国家购买著作权。国家图书馆分别于2010年、2012年以国家授权方式引进了Emerald回溯数据库(1898—2000)、SAGE回溯期刊数据库(1879—1988)、剑桥期刊电子回溯库(Cambridge Journals Digital Archive)(1770—1996),根据协议的授权,中国内地的非营利性组织申请并签署相关补充协议后均可开通访问权限,免费访问上述数据库的资源。

随着以计算机技术、数字技术和网络技术为主的信息技术的飞速发展与广泛应用,光盘数据库、网络数据库等数字资源的引进已成为图书馆数字资源建设的重要方式。数据库集成商提供的数字资源是在获得著作权人、出版商授权的前提下,将各种文献集成在一个数据库中进行销售,例如EBSCO的Academic Search Premier、ABI/INFORM Complete(美国商业信息期刊全文数据库)、中国期刊全文数据库(清华同方知网)、方正Apabi电子书等。图书馆与数据库集成商通过签订资源购买合同,引进已有版权的商业性数据库,如文摘索引数据库、全文数据库、数值/事实数据库

① 资源与服务指南.中国科学院国家科学图书馆[EB/OL].[2013-04-05].http://www.las.ac.cn/zhinan/fwzd_8.html.

等,取得所购数据库的版权使用权。从资源的授权使用方式和使用范围来看,通过数据库集成商获取授权主要有 IP 地址访问、远程登录访问、互联网公开访问等方式。数据库集成商出于法律与竞争等因素的考虑,通常还通过限制数据库的访问量、同一时间内的访问人数、下载量等方式控制数据库的使用。其中,通过限制 IP 地址或者控制在图书馆局域网内访问是目前各图书馆采购的数据库中最普遍的方式。另外,目前已有一些图书馆与数据库集成商约定获取更广范围的使用权利,以满足用户日益增长的对资源便利获取的需求。

(2)操作建议

1)尽到合理注意义务,审查数据库内容的合法性

从近年国内外立法和司法实践来看,数据库可以纳入"汇编作品"中,并且不得损害汇编内每一作品的版权,但许多数据库集成商未经版权人许可擅自将其作品录入数据库,侵犯了版权人的利益,国内多家数据库集成商都曾因版权问题招致侵权诉讼,法院判决的结果通常是这些数据库集成商侵权成立。这种状况一方面会影响图书馆对用户的服务,另一方面有可能会导致图书馆承担连带侵权责任的风险。所以图书馆需在与数据库集成商签订购买合同时,要求其出具有关的版权证明,以表明数据库中的内容经过了著作权人和出版社的授权,确保版权无瑕疵,并且在合同中明确约定,一旦数据库出现侵权问题,一切法律和经济责任均由数据库集成商承担。

2)明确图书馆拥有的权利

图书馆通过数据库集成商获得授权时,要与其签订使用许可合同,明确双方各自的权利和义务,特别是图书馆所享有的各种权利,并且在经费一定的情况下与数据库提供商积极谈判,争取最有利和尽可能灵活的条款,争取权利最大化。例如:

- 访问权:允许用户通过何种方式、在何种地域范围内访问,是否限制并发用户数或总访问量等。

• 复制权:图书馆或用户是否可以制作资源的数字复制件,用户是否能将所需要的数字资源下载到本地使用,用户是否能打印作品或作品的一部分等。

• 馆际互借权:是否允许数字资源的联盟借阅或馆际互借等。

• 长期保存权:图书馆是否能永久拥有他们所购买的数据库资源,包括有权将它们进行平台迁移,是否可以在数字资源不在市场上流通后享有永久性的访问权。

3)采用合理方式保护数据库的版权

图书馆在利用数据库时,应该遵守法律规定与合同约定,严格按照使用许可合同规定的使用范围和使用方式来提供服务。例如不得将数据库进行非法复制、解密、修改,不得删除、隐藏或修改数据库开发商在数据内容中加入的版权声明、权利管理信息,协助数据库提供商共同维护数据库版权,加强对数据库版权保护的宣传和管理,采取技术措施尽可能防止用户非法使用和滥用数据库,阻止非授权用户使用数据库资源,在发现非法使用时能够立即采取相应的措施等,确保数据库集成商及作品权利人的合法权益不受到损害。

4.4.4 著作权集体管理组织授权机制

(1)案例分析

【案例:挪威国家图书馆"数字书架"项目】

2009年5月,挪威国家图书馆启动了"数字书架"项目(Bvokhylla. no),该项目初期为试验性项目,为期3年,主要目标是将1790—1800年、1890—1900年、1990—2000年出版的挪威图书数字化全文在互联网上发布供读者利用。根据挪威《著作权法》规定,该国文学作品作者著作权的保护期为作者终生及死后70年。在"数字书架"开展之时,项目中有超过5万种图书尚在版权保护期内,图书馆对这些图书进行数字化形式的复制和信息网络传播均受到法律的严格限制，而由于作者分散等原因，图书馆逐一与作者谈判并签订授权协议不但耗费巨大，而且可操作性差。为此，挪威国家图书馆与本国的著作权集体管理组织“Kopinor”进行合作，双方签署了示范性协议，在挪威的著作权法律框架内，成功地解决了图书馆海量图书利用与授权的矛盾。

Kopinor是挪威的复制权协会，成立于1980年，目前拥有22家成员组织，包括5个出版者协会和17个作者协会。这些成员组织是权利人利益的代表机构，他们以组织的形式授权Kopinor进行版权管理，允许Kopinor代表权利人进行各种形式作品的影印复制以及数字化使用权的授权谈判、签署集体协议等活动，并为权利人分配复制费用。Kopinor的工作内容涉及挪威约90%受版权保护作品的复制。根据挪威法律规定和与其他国家复制权组织签署的双边协定，Kopinor也可代表外国权利人进行授权与分配活动。成立30年来，Kopinor为本国及外国权利人收取并分配的复制费用已经超过36亿元挪威克朗（约470万欧元）。①

在“数字书架”项目中，挪威国家图书馆获得挪威文化事务部授权，与代表权利人利益的Kopinor进行谈判，双方议定图书复制权的授权费用约0.06欧元/页/年，挪威国家图书馆获得授权通过计算机屏幕向读者提供数字化图书浏览服务，但不能提供打印和下载，并且仅面向挪威本国的IP地址开放浏览服务。在前期成功合作的基础上，2012年10月起，“数字书架”项目成为正式永久性项目，项目范围涵盖了2000年以前挪威出版的所有图书，并建立了新的付费体制。由于挪威适用著作权延伸性集

① About Kopinor[EB/OL].[2013-04-16].http://www.kopinor.no/en/home.

体管理制度，因此，Kopinor 也可代表非会员开展授权工作。挪威国家图书馆与 Kopinor 签订了新的合作协议，预计到 2017 年项目授权的在版权保护期内的图书将达到 25 万种，并且图书馆支付的授权费用单价将所有下降。①

(2)操作建议

挪威国家图书馆的成功实践为世界各国图书馆带来了积极影响。随着相关法律法规的出台，我国已正式确立著作权集体管理制度，为图书馆通过著作权集体管理组织获得海量图书的授权工作提供了法律依据。图书馆在授权实践中，需要在充分了解著作权集体管理组织的同时，结合本馆的建设和服务需求，与著作权集体管理组织协商获得授权。

1)认识著作权集体管理组织及其法律依据

2001 年审议通过的《著作权法》增加了关于著作权集体管理组织的规定，这是我国第一次把著作权集体管理制度写进法律。2005 年国务院颁布施行《著作权集体管理条例》，对著作权集体管理组织的设立、组织机构、集体管理活动以及对著作权集体管理组织的监督和相关法律责任做出详细规定，使我国著作权集体管理制度获得了充分的法律保障。

根据《著作权集体管理条例》第三条规定，著作权集体管理组织是指“为权利人的利益依法设立，根据权利人授权、对权利人的著作权或者与著作权有关的权利进行集体管理的社会团体”。我国著作权集体管理组织的设立实行双重审批制度，集体管理组织不但应当满足《著作权集体管理条例》关于组织设立的各项要求，由国务院著作权管理部门(目前是国家版权局)审核批准，同时，还应当依照我国有关社会团体登记管理的行政法规，在国务院民政部门进行登记并开展活动。

我国法律赋予著作权集体管理组织的主要功能是：经权利人

① Bokhylla. no[EB/OL]. [2013 - 04 - 16]. http://www. nb. no/Tilbud/Samlingen/Samlingen/Boeker/Bokhylla. no.

授权，集中行使权利人的有关权利并以自己的名义进行下列活动：①与使用者订立著作权或者与著作权有关的权利许可使用合同；②向使用者收取使用费；③向权利人转付使用费；④进行涉及著作权或者与著作权有关的权利的诉讼、仲裁等。我国著作权集体管理组织的性质是非营利性组织，其向使用者收取的使用费中可以提取一定比例作为管理费，用于维持组织正常的业务活动，除此以外，使用费应当全部转付给权利人，集体管理组织不得挪作他用。

可见，著作权集体管理组织一方面获得权利人的授权，另一方面代表权利人向使用者进行授权，发挥着权利“中转站”和“中介”的作用，这也正是图书馆与之开展合作的契合点，尤其在图书馆获得海量资源授权的活动中，集体管理组织能够有效解决权利归属确定难、谈判与交易成本高等带来的授权障碍。

2）了解著作权集体管理组织及其管理范围

目前，我国依法成立的著作权集体管理组织共有 5 家，分别针对不同的作品类型及其权利人的权益开展集体管理活动，根据相关法律法规规定，各家组织的管理范围详见表 12。

根据《著作权集体管理条例》第七条第二款规定，著作集体管理组织的设立不能与已经依法登记的集体管理组织的业务范围有交叉或重合，因此，我国著作权集体管理组织事实上具有唯一性和垄断性的地位。在数字图书馆多媒体化的发展趋势下，文本资源、图片资源和音视频资源成为图书馆资源建设和服务的主要内容，这意味着图书馆需要同时面向多家著作权集体管理组织开展沟通和协调，以获得不同类型资源的集中授权。因此，在实践中，图书馆必须首先“找到组织”，根据现有著作权集体管理组织的管理范围，明确与本馆需求对口的管理机构，进而开展授权协商与谈判活动。

表12 我国著作权集体管理组织的管理范围

组织名称	成立时间	作品类型	管理范围
中国音乐著作权协会（MCSC）	1992年	音乐作品： 歌曲、交响乐等能够演唱或者演奏的带词或者不带词的作品。	①使用音乐作品进行公开表演； ②使用音乐作品进行公开广播； ③使用音乐作品制作、复制、发行录音录像制品； ④使用音乐作品制作广播电视节目； ⑤以摄制电影或者类似摄制电影的方法将音乐作品固定在载体上； ⑥以信息网络传播的方式向公众提供音乐作品； ⑦其他适合集体管理的对音乐作品的使用。①
中国音像著作权集体管理协会（CAVCA）	2008年	音像节目： 受著作权法保护的录音、录像制品和以类似摄制电影的方法创作的作品（不包括电影、电视剧等）。	①音像节目表演权； ②音像节目放映权； ③音像节目广播权； ④音像节目出租权； ⑤音像节目信息网络传播权； ⑥音像节目复制、发行权； ⑦其他适合集体管理的音像节目著作权和与著作权有关的权利。②

① 中国音乐著作权协会. 中国音乐著作权协会章程[EB/OL]. [2013-04-16]. http://www.mcsc.com.cn/information.php? partid=21.

② 中国音像著作权集体管理协会. 中国音像著作权集体管理协会章程[EB/OL]. [2013-04-16]. http://www.cavca.org/xhzc.php.

续表

组织名称	成立时间	作品类型	管理范围
中国文字著作权协会(CWWCS)	2008 年	文字作品: 小说、诗词、散文、论文等以文字形式表现的作品。	①报纸、期刊、图书、电子出版物和数字化制作等各种传媒使用文字作品; ②通过移动通讯网络、互联网络传播方式等新技术条件使用文字作品; ③通过广播电视方式使用文字作品; ④以汇编方式使用文字作品; ⑤以机械表演或现场表演方式使用文字作品; ⑥以法定的其他许可方式使用文字作品; ⑦其他适合集体管理的对文字作品的使用; ⑧为集体管理目的,对未加入协会的文字著作权人,为其向使用者收取法定许可情形下的著作权使用费并向其分配。①

① 中国文字著作权协会. 中国文字著作权协会章程[EB/OL]. [2013-04-16]. http://www.prccopyright.org.cn/staticnews/2010-01-28/100128150538781/1.html.

续表

组织名称	成立时间	作品类型	管理范围
中国摄影著作权协会（ICSC）	2008 年	摄影作品：借助器械在感光材料或者其他介质上记录客观物体形象的艺术作品。	①报纸、期刊、图书、电子出版物使用摄影作品； ②因特网（Internet）上传播摄影作品； ③广告、招示中使用摄影作品； ④将摄影作品用于举办展览、展示及幻灯演示； ⑤产品宣传、包装上使用摄影作品； ⑥广播电视、电影、录像以及任何视听介质中使用摄影作品； ⑦以摄影作品（含其局部）为素材，绘制、修改或合成为其他作品； ⑧其他适合集体管理的对摄影作品的使用。①
中国电影著作权协会（CFCA）	2010 年	电影作品：摄制在一定介质上，由一系列有伴音或者无伴音的画面组成，并且借助适当装置放映或者以其他方式传播的作品。	①广播权（包括但不限于电台、电视台的播放）的全部或部分； ②信息网络传播权（包括但不限于互联网和局域网，网吧，含有线、无线方式）的全部或部分； ③部分放映权、复制权； ④出租权（包括但不限于音像制品的出租）； ⑤其他权利人自己难以有效行使的权利，可以由著作权集体管理组织进行集体管理的相关权利。②

① 中国摄影著作权协会. 中国摄影著作权协会章程[EB/OL]. [2013－04－16]. http://www.cpanet.cn/templets/default/zhuzuoquan/xhzc.html.

② 中国电影著作权协会. 中国电影著作权协会章程[EB/OL]. [2013－04－16]. http://www.cfca－c.org/xhzc.php.

3）明确相关方的权利与义务

在开展授权谈判前，明确相关方的法定权利与义务是图书馆顺利开展授权工作和保护自身合法利益的基础。

著作权集体管理组织的基本工作可以用32个字来概括："发展会员、登记作品；谈判签约、发放许可；收取版税、分配报酬；监督使用、追究侵权。"[①]其法定的主要权利包括：管理权利人授权的权利；以书面形式订立许可使用合同，许可他人使用其管理的作品；向使用者收取使用费，并从中提取一定比例作为管理费；代表协议的境外同类组织管理其依法在中国境内享有的著作权或者与著作权有关的权利。需要注意的是，著作权集体管理组织的授权应当是非专有的，著作权集体管理组织不得与图书馆等使用者订立专有许可使用合同，此外，许可使用合同的期限不得超过2年，合同期限届满可以续订。

同时，著作权集体管理组织也必须履行其法定义务，主要包括：接受国务院著作权管理部门的管理，接受权利人、使用人及相关部门和组织的监督；建立财会制度和资产管理制度，定期审计并公布审计结果；组织转付使用费，编制使用费转付记录。在提取管理费后，使用费应当全部转付给权利人，不得挪作他用；建立权利信息查询系统，供权利人和使用者查询，并答复咨询；根据国务院著作权管理部门公告的使用费收取标准，与使用者约定收取使用费的具体数额；不得拒绝章程规定加入条件的权利人的加入申请，不得拒绝使用者以合理的条件要求订立许可使用合同的请求；使用者提供的有关使用情况涉及该使用者商业秘密的，著作权集体管理组织负有保密义务。

图书馆作为使用者，其主要权利包括：依法使用被许可使用的作品；与著作权集体管理组织约定支付使用费的具体数额；查询作品许可使用情况、使用费收取和转付情况、管理费提取和使用情

① 周俊强. 著作权集体管理的法律性质[J]. 法学杂志，2003(3)：47－49.

况;监督著作权集体管理组织的业务活动。

图书馆作为使用者所承担的义务相对比较单纯,主要包括:向著作权集体管理组织支付使用费;提供图书馆使用作品的情况资料,如作品名称、权利人姓名或者名称以及使用的方式、数量、时间等。当然,资料提供的义务以双方许可使用合同的约定为准。

此外,图书馆也应当了解权利人在著作权集体管理制度中的权利与义务,以便更清晰、准确地把握授权状态。著作权集体管理组织权利人的主要权利包括:依照规定程序自愿加入或退出著作权集体管理组织;将特定的权利交由著作权集体管理组织管理;获得著作权集体管理组织收取的使用费;查询权利信息;监督著作权集体管理组织的业务活动。

权利人的义务主要包括:与著作权集体管理组织订立著作权集体管理合同后,不得在合同约定期限内自己行使或者许可他人行使合同约定的由著作权集体管理组织行使的权利;允许著作权集体管理组织从收取的使用费中提取管理费。针对权利人的第一项义务,图书馆在直接面向权利人授权时,应当参考这项规定对直接授权重点予以审核,了解权利人的权利让渡情况,防止图书馆遭受无效授权和虚假授权带来的损失。

4)明确著作权许可使用费确定的方式和标准

图书馆投入资源建设的经费是有限的,并要接受有关部门的经费审计,因此,合理的著作权使用费成为影响授权活动成功与否的重要因素。在我国著作权集体管理制度下,除了《著作权法》规定应当支付的法定许可使用费以外,使用费的具体数额由使用者与集体管理组织协商确定。通常情况下,影响使用费的因素主要涉及三个方面。

①国务院著作权管理部门公告的使用费收取标准,这是《著作权集体管理条例》规定的参考依据。目前,国家版权局公告的相关标准主要有:国家版权局公告的相关标准主要有:《电影作品著作权集体管理使用费收取标准》(2010 年)、《使用音乐作品进行表演

的著作权许可使用费标准》(2011年)、《关于2013年卡拉OK著作权使用费收取标准的公告》(2013年)、《出版文字作品报酬规定》(1999年)、《录音法定许可付酬标准暂行规定》(1993年)等。

②《著作权集体管理条例》规定的参考因素,包括:使用作品、录音录像制品的时间、方式和地域范围;权利的种类;订立许可使用合同和收取使用费工作的繁简程度。

③图书馆需要考量的其他因素,例如:作者的名气和作品、录音录像制品的影响力;[①]使用授权资源可能的社会效益和经济效益;类似使用情况的收费标准;自身的经费、服务等状况。

由于图书馆资源的类型多样、版权状况复杂,可能存在两个或者两个以上著作权集体管理组织就同一使用方式向同一图书馆收取使用费的情况,在这种情况下,根据《著作权集体管理条例》第二十六条的规定,可以事先协商确定由其中一个著作权集体管理组织统一收取使用费,所收取的使用费在有关著作权集体管理组织之间经协商进行分配。

5)加强授权活动操作与管理水平

图书馆作为利用授权资源提供广泛用户服务的社会机构,带来的社会影响力无疑是巨大的。为了提高授权工作的成效,必须针对授权获取和授权利用制定严谨、稳妥的操作办法和管理措施。认识了解著作权集体管理制度和相关组织、知晓相关方法定的权利和义务、明确使用费确定的方式和标准,以上所论述的内容都是图书馆开展集体管理组织授权操作必备的基础。在实践操作中,图书馆必须完成的两项重点工作是保证授权合法性与合同合理性。

①保证授权合法性。我国著作权集体管理组织经过双重审批而设立,并由国家版权局主管,实际上具有半官方组织的性质,授权的可靠性可以得到有效保障。但图书馆在通过集体管理组织获

① 施国伟.集体管理组织与使用者的关系及协调[J].法律适用,2006(Z1):73-75.

得授权时，仍然要尽到合理注意义务，通过检查集体管理组织会员资料、会员授权文件等方式，对授权信息的真实性进行审查，特别是在目前我国尚未实行延伸性集体管理制度的情况下，集体管理组织无权代表非会员进行授权，图书馆在开展海量资源授权时，需要考虑会员与非会员的甄别。

②保证合同合理性。著作权许可使用合同基于双方友好协商而确立，遵循自愿、平等、互利的原则，图书馆应充分依托许可使用合同，保障自身的合法利益。明确授权使用内容和使用费是著作权许可使用合同的主要内容。授权使用内容包括图书馆需求的资源和著作权。合同中的资源细目应具有明确的指代性，资源的描述和标识应达到区别类似资源的目的；著作权约定包括权利内容及使用范围，图书馆数字资源服务涉及的权利主要有复制权、信息网络传播权、汇编权等，根据图书馆的服务需求在合同中约定互联网、局域网、特定用户群体等使用范围。使用费是基于双方协商的结果，应在合同中约定付费标准和付费方式。根据有关法律的规定，明确双方基本的权利和义务，在此基础上，图书馆应与著作权集体管理组织协商，要求集体管理组织以有效的形式做出著作权无瑕疵的承诺，并在合同中予以体现。

4.4.5　版权代理机构授权机制

(1)案例分析

【案例1:美国版权结算中心代理授权】①

美国版权结算中心(Copyright Clearance Center,CCC)成立于1978年，是一家全球版权经济公司，通过简化授权流程和支持内容创造者的知识产权为全球组织提供授权服务，对世界最热门的印刷和在线内容进行授权和许可，从图书、期刊、报纸到博客和图片。版权结算中心为

① About CCC[EB/OL].[2013-04-06].http://www.copyright.com/china/co-brochure-cn.html.

提供内容和使用内容的人提供版权服务。通过该中心的版权解决方案,企业、学术机构及其他组织使用和分享受版权保护的资料,出版社、作者及其他版权所有人从全球和难以到达的市场获得版税,大大减少了间接成本,同时提高了客户的满意度。

在美国期刊出版后的使用中,存在着二次版权的享有和使用空间。版权二次使用包括复制和通过影印以及通过数字手段传播等各种方式进行的二次使用,具体使用权限由版权持有者设定。CCC 就是为版权持有者(包括期刊社和作者)和二次版权使用者提供服务的一个中间服务机构。CCC 在得到版权持有者授权后,即可行使其代理人角色,协助版权持有者提供服务并进行相应的结算。版权使用者将购买版权的版税付给 CCC,然后由 CCC 再支付给版权持有者,CCC 是版权持有者与版权二次使用者之间沟通的桥梁,或者说中间代理人。版权二次使用者如何使用这些内容,使用权限由版权持有者决定,CCC 为版权持有者和二次使用者建立联系并提供相应的服务,收取一定的费用。

该中心根据版权持有者授权使用方式和范围为二级用户制作版权使用的各种产品面临庞大的市场,目前主要面对三个市场:①学术市场,即面对大学、研究机构的用户;②面对企业出版者的;③版权持有者市场。CCC 对前两个市场是收费获利的,但对第三个市场是要付费的。收费是很详细的,其依据来自于与版权持有者签订的合同规定。

CCC 还开发了通过与杂志社做链接来完成授权使用的管理程序。读者可以到杂志社的网页上查到,根据使用者要求可以知道如何付费使用文献内容。具体的收费标准或哪些文献内容是免费的由版权持有者确定。出版商也可以用系统来统计自己版权内容的二次使用情况，和一次引用数据统计一样，比如都是哪些单位和用户使用了自己的内容，在一定时间周期内使用情况的变化趋势等，借此可以对期刊的政策调整提供依据。当然，CCC有一套庞大的相关数据库系统来支持这些服务。在过去十年，版权结算中心已付给版权所有人逾10亿美元的版税，并将继续为全球组织提供版权许可解决方案，包括400多家世界五百强公司在内的各种规模的公司、学术机构、法律事务所、卫生组织和政府机构。

【案例2：中文图书公益性网络阅读项目】

2009年，国家图书馆启动“国家数字图书馆中文图书公益性网络阅读项目”，对能够满足全民服务需求的普通中文图书网络阅读相关的信息网络传播权及永久保存权进行征集，通过招投标的方式确定版权代理商，由具备相应资质与能力的适格版权代理商代表国家图书馆与出版社等权利人或权利实际持有人谈判签约，国家图书馆进行严格审核后，将那些确属有权提供给读者的作品通过约定的网络平台予以发布。这种方式可以在相当程度上妥善解决作品的版权授权问题。

该项目的实施，是对图书馆数字资源建设版权授权模式的有益探索，是通过版权代理机构获取版权授权的一种尝试。版权代理机构可以为著作权人或权利持有人与图书馆等使用机构牵线搭桥，为资源方与使用方最大限度发挥效益提供服务，包括沟通、策划、洽谈、签订版权转让或许可使用合同。

具体的项目工作流程图如下：

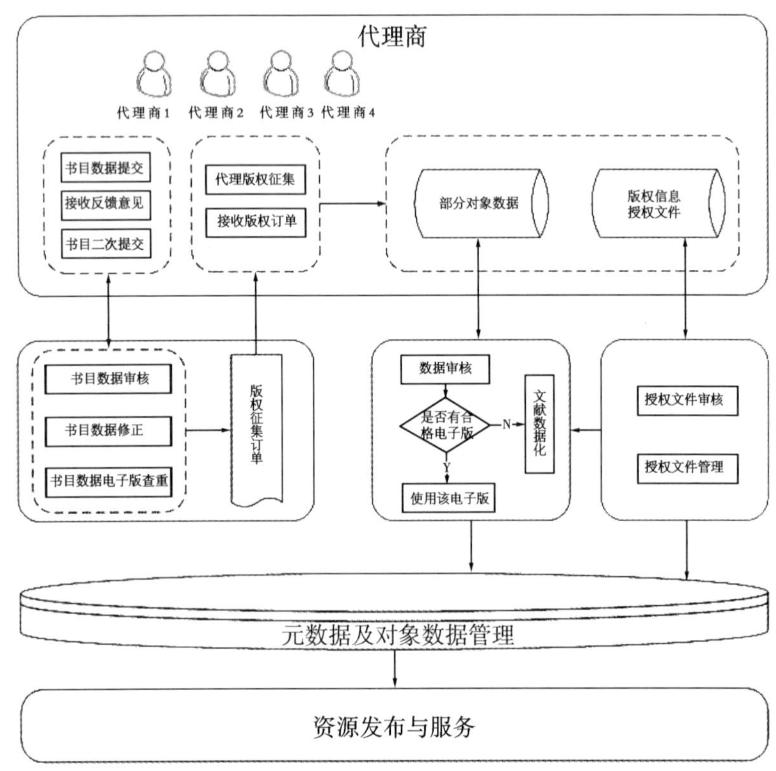

图1 “国家数字图书馆中文图书公益性网络阅读项目”业务流程图

(2)操作建议

图书馆馆藏的现当代文献资源在未解决版权有效授权之前大多受到著作权法的严格限制,并不能随意对其进行数字化,更不能通过互联网进行传播和服务,使得图书馆的大部分资源无法实现全民共享。鉴于作品的海量性与作者群体的庞大性,可以通过版权代理机构代理图书馆与权利人签约授权,进而获取馆藏作品的版权授权,并且严格遵照协议中的授权权限为读者提供服务。图书馆在与版权代理机构合作时,需要注意以下方面的问题。

1）了解版权代理机构的概念

版权代理通常是版权代理人受被代理人的委托，以被代理人的名义，代理解决转让或授权使用其作品著作权及相关事务。代理行为的特征包括以被代理人的名义活动；具有法律意义；法律效果直接归属于被代理人。① 版权代理机构一般都具有联系广、人才专、信息快、协调能力强等优势。版权代理机构熟悉各类作品的市场需求和销售行情，并与出版者、报刊社等版权持有者保持密切联系。版权代理机构既可以为委托其代理著作权事务的作者介绍各类作品的读者需求信息，提供写作建议；同时还可以按作者意愿，为其作品找到最合适的出版者、传播者，并代表作者进行著作权转让或授权使用的谈判，处理有关法律事务，以及联系出版社，安排作品出版等。对于图书馆而言，需要版权代理机构代表传播者与作品的作者签订著作权转让或许可使用协议，进而获得版权授权。

2）审查版权代理机构资质

图书馆在选择与版权代理机构合作之前，建议充分了解版权代理机构的基本情况，尤其是版权代理的相关资质与相关经验。目前我国的专业版权代理机构主要集中在音像、影视方面，也有部分图书方面的代理机构，例如中华版权代理总公司、北京版权代理有限责任公司、上海版权代理公司等，也有国外一些版权代理机构在我国设立办事处。此外，有兼做版权代理的机构，例如中国数字图书馆有限责任公司等。

3）明确版权审查义务

签订版权代理合同获取授权，图书馆需要明确版权代理方的版权审查义务，即通过审查授权作品的出版合同、授权协议和授权书等权利证明文件，确定著作权的归属，授权者确实拥有相关作品的复制权、信息网络传播权及其转授权，著作权人的授权期限和授权范围合法有效，确定是著作权本人、著作权合法继承人或授权代

① 丁培卫. 新时期中国图书版权代理现状及对策研究[J]. 山东社会科学，2011(4)：39－43.

表签字盖章等。进而保障授权作品无形式版权瑕疵,一旦发现形式上的版权瑕疵,则由版权代理方则承担相应责任。

4)防止越权代理

图书馆与版权代理机构之间的版权代理合同中需要明确代理权限和代理期限,到期后及时收回相关的授权文件、已印章的合同文本等,防止代理机构越权代理。

5)合理注意义务

图书馆需要对版权代理机构签订的协议进行全面验收,建议除了检查合同必备的形式要件外,还需要抽查授权作品的权利证明文件,尽到合理注意义务以便防止版权隐患。

4.4.6 开放资源授权机制

(1)案例分析

【案例1:知识共享(Creative Commons,CC)许可协议资源】

美国密歇根大学图书馆(University of Michigan Library)于2008年开始对自己拥有版权的著作采用CC授权模式,即采用CC协议中的“by - nc”(署名—非商业性使用)授权模式,将属于密歇根大学图书馆员的著作和密歇根大学委员会的著作及其参考文献、研究指引等资源对公众开放使用。密歇根大学认为采用CC协议授权将有助于达成自己搜集、管理、保存与沟通分享人类知识资产的目标。

由于CC进入中国的时间太短,核心的许可协议、应用软件以及本土化等方面都尚待发展完善,所以国内目前还没有正式使用CC协议的图书馆。但国家图书馆、中国科学院国家科学图书馆与CC中国大陆项目正在积极寻求合作的各种可能性,例如:2009年3月,中国科学院国家科学图书馆与CC中国大陆项目、美国国家科学院CODATA国家委员会共同举办/科学文献与科学数据通用许可国际研讨会,介绍和交流了CC知识共享许可在科学文献和科学数据共享方面的最新进展和实践情况。2009年9月,国家图书馆相关部门与CC中国大项目举行了工作座谈,就数字资源的版权保护与利用、国家图书馆与CC中国大项目在推动数字资源的合法传播与共享方面的合作展开了富有成效的讨论。①

【案例2:开放存取(Open Access,OA)资源】

许多图书馆的馆藏发展政策对开放存取资源都相当重视。2000年,美国国会图书馆遵循国会的法案,开始从收藏单一的印本资料到馆藏部分资源的数字化、开放存取的艰难变革,其五年战略规划包括对直接推动开放存取运动的阐述。美国国家医学图书馆的电子资源部分收集了DOAJ和PMC等著名的开放存取项目。馆藏资源已经比较丰富的香港科技大学图书馆认为,优质的互联网资源有助于补充图书馆的馆藏、支持学校的教学与科研,提出要拓展对本地以外资源的获取。调查表明,许多ARL成员馆也都十分重视OA资源,其馆藏建设过程中涉及各种OA资源的选择、收集、编目和促进其利用。②一项针对广东省内所有21家市级公共图书馆及广州地区14家公共图书馆的调研显示,有20%的图书馆在网站上为用户提供了OA资源;③浙江大学图书馆、华东师范大学图书馆、南京大学图书馆、苏州图书馆、南开大学图书馆等多个机构均在网站上向用户提供开放存取资源的导航;CALIS、厦门大学、中国科学院国家科学图书馆等机

---

① 张若冰.试论CC模式在图书馆数字资源建设中的应用[J].图书馆,2011(2):105-106.

② 牛琳琳.开放存取环境下图书馆馆藏发展政策研究[J].情报理论与实践,2009(3):81-84.

③ 张材鸿.国内公共图书馆利用开放存取资源的调查分析[J].图书馆学研究,2010(8):85-90.

构正在建设与推广各自的机构知识库。

(2)操作建议

受版权法的制约,目前国内外数字图书馆自建资源以超过版权保护期限的公有领域数字资源为主,多为古代或近代作品,满足社会公众需求的现当代资源偏少。图书馆将版权保护期内作品数字化并且提供使用时,必须得到著作权人的授权许可,通常情况下,还需要支付相应的版权报酬。开放存取资源、使用知识共享协议资源等开放资源在使用者尊重作者精神性及部分基础性权利的前提下,允许他人对其享有著作权的作品进行复制、发行、展览、表演、放映、广播或通过信息网络向公众传播,收集和整理这些著作权人全部放弃或部分放弃自己著作权的作品进行数字化与发布,可成为网络环境下图书馆获得授权的新兴方式。如果图书馆能将这部分权利人已经部分让渡权利的作品进行系统地加工、整合,将为图书馆节约资源建设经费,极大地丰富图书馆为社会公众服务的数字资源,同时合理、合法地将优质网络信息资源长期保存与传播。

1)了解开放资源授权模式

CC,专指一个非营利组织,也是一种授权方式。国内外部分网站或项目已采取 CC 许可协议,例如谷歌(http://www.google.com/)、相片分享网站 Flickr(http://www.flickr.com/)、互动百科版权图片共享中心(http://photo.hudong.com/)、科学松鼠会(http://songshuhui.net/)等。CC 组织致力于构建一个更加合理灵活的著作权体系,平衡渴望自由利用作品的公众利益和保护创作者的著作权利益,提供一系列工具包括 CC 许可协议及网络应用程序,帮助人们标识自己作品的权利状态以及赋予使用者使用的自由,以达到知识共享的最终目标。CC 提供多种可供选择的授权形式及条款组合,由以下的选项组配而成:

署名:允许他人对作品及演绎作品进行复制、发行、展览、表演、放映、广播或通过信息网络向公众传播,但在这些过程中对方必须保留作者对原作品的署名。

非商业性使用:允许他人对作品及演绎作品进行复制、发行、展览、表演、放映、广播或通过信息网络向公众传播,但仅限于非商业性目的。

禁止演绎:允许他人对作品原封不动地进行复制、发行、展览、表演、放映、广播或通过信息网络向公众传播,但不得进行演绎创作。

相同方式共享:只有在他人对演绎作品使用与原作品相同的许可协议的情况下,才允许他人发行其演绎作品。(许可协议不能同时包含"相同方式共享"和"禁止演绎"许可要素,"相同方式共享"要素仅适用于演绎作品)①

其中 CC 的核心许可协议有六种:①by(署名);②by - sa(署名—相同方式共享);③by - nd(署名—禁止演绎);④by - nc(署名—非商业性使用);⑤by - nc - sa(署名—非商业性使用—相同方式共享);⑥by - nc - nd(署名—非商业性使用—禁止演绎)。通过这些协议,创作者允许他人对其享有著作权的作品及演绎作品进行复制、发行、展览、表演、放映、广播或通过信息网络向公众传播,但同时保留署名权等最基本的著作权,例如:最严格的"by - nc - nd"许可协议保留了署名权、修改权和保护作品完整权以及禁止公众对作品进行商业性使用。

"开放存取"(Open Access)概念源于《布达佩斯开放存取计划》(又称《布达佩斯宣言》)。《布达佩斯开放存取计划》(Budapest Open Access Initiative,BOAI)给予开放存取的完整定义是:"对某文献的开放存取,即意味着它在公共领域里可以被免费获取,并允许任何用户阅读、下载、复制、传递、打印、搜索、超链该文献……用户在使用该文献时不受财力、法律或技术的限制,而只需在存取时保持文献的完整性,对其复制和传递的唯一限制,或者说版权的唯一

① 知识共享中国大陆项目.许可协议说明[EB/OL].[2013 - 04 - 08].http://creativecommons.net.cn/licenses/licenses_exp/.

作用应是使作者有权控制其作品的完整性及作品被准确接受和引用。”①

开放存取出版有四种主要的权利分配模式(详见表13),其中模式C和模式D来源于CC许可协议。目前国内外大多数开放存取资源采用CC许可协议,推崇“保留部分权利”的理念,多由作者本人拥有版权,授权用户基于学术与教育等的合理使用权利。②

表13 开放存取出版的四种权利分配模式③

版权模式	作者	出版者权利	使用者权利
A	保留全部或大部分权利(商业使用权除外)	无	享有大部分权利(商业使用权除外)
B	保留全部权利(商业使用权除外)	享有商业利用权	享有全部权利(商业使用权除外)
C	保留全部权利(商业使用权除外)	无	广泛许可权(包括商业使用权)
D	保留全部权利	无	遵循与原始作品相同的开放存取许可协议

2)遵守开放资源授权协议要求

虽然开放资源赋予了用户对作品自由地获取、复制、检索、链接、传播,甚至修改等方面的权利,但并不意味着开放资源就是无版权的或者是不受版权法保护的。开放存取许可协议或CC许可协议强制保证用户使用资源的自由,这正是开放资源创造者拥有权利和行使权利的表现,从开放许可条款上看,开放资源原版权人的复制、传播、修改等权利并没有放弃,而是在许可协议的限制下

① Budapest Open Access Initiative[EB/OL].[2013-04-07].http://www.soros.org/openaccess/.

② 郭超.开放存取知识产权管理策略研究[D].广东:中山大学,2010:29.

③ 郭超.开放存取知识产权管理策略研究[D].广东:中山大学,2010:33.

得到了让渡。在开放存取协议或 CC 许可协议中,版权不是剥夺用户的自由,而是通过协议给了用户比以往商品化资源更多的自由。[①] 用户在使用开放资源时,必须严格遵守协议的要求。例如,美国麻省理工学院的开放式课件(MIT OpenCourseWare)的许多课程资源使用 CC 许可协议授权,允许他人使用作品或演绎作品,演绎的方式没有严格限制,可以以编辑、翻译等方式使用。但是明确提出了对课程资源使用或演绎过程中必须遵循 CC 的"署名—非商业性使用—以相同方式分享(by - nc - sa)"协议的要求,并针对"非商业性使用"做出了详细的阐述。[②]

图书馆在使用开放资源时,必须完整地保留所有著作权声明,不能改变许可协议的条款,也不能使用技术手段来限制其他人对原作品的合法使用。如果图书馆要从事 CC 许可协议或 OA 许可协议中选择禁止的行为,例如要使用"禁止演绎"的资源创作演绎作品,需要获得著作权人的授权。另外,图书馆需要采取适当的提示、宣传措施,提醒用户在使用图书馆采集整合的开放资源时遵守上述规定,保护版权。

4.5 应用版权管理技术

4.5.1 版权信息管理技术

(1)案例分析

【案例 1:美国密歇根大学图书馆版权审查管理系统(CRMS)】

美国在 1923—1963 年之间出版图书数量达到近 50 万种,目前很多图书版权已经进入公有领域,可以为用户

① 秦珂.开放存取版权管理的特点分析[J].情报理论与实践,2006(4):409 - 412.

② MIT OpenCourseWare. FAQ: Intellectual Property[EB/OL].[2013 - 04 - 08]. http://ocw.mit.edu/help/faq - intellectual - property/.

提供在线的全文阅览服务;对于尚在版权保护期的图书,其利用则受到版权法的严格限制。因此,甄别图书的版权状态对于图书馆应用资源开展服务是至关重要的,但实际上这项工作的开展面临着重重困难。面对这种情况,美国密歇根大学从2007年开始就投入技术服务部门的人员,开始甄别图书的版权状态。2008年,密歇根大学图书馆获得了来自美国博物馆和图书馆服务协会(Institute for Museum and Library Services,IMLS)的经费支持,开展为期三年的版权审查管理系统(Copyright Review Management System,CRMS)建设,利用系统对每种图书的版权状态进行人工核查。

CRMS项目初期目标是开发综合法律、行政和技术工具进行图书版权状态甄别的程序,1923—1963年美国出版图书的版权状态,帮助图书馆员和读者在获取和利用图书时做出合理选择。经甄别版权已经进入公有领域的图书,密歇根大学通过HathiTrust数字图书馆提供在线公开获取服务,最终提升全世界对于文学、学术、科学遗产的公开获取能力。同时,在提高版权状态甄别可靠性的基础上,创造与其他机构合作开展版权甄别的契机,促进世界各国图书馆更好地利用馆藏提供公众服务。为完成项目目标,密歇根大学开发了必要的软件来进行海量版权甄别工作,在长期基金的支持下,项目不断完善系统功能以改进工作流程,提升甄别准确度。

2009年,密歇根大学发布了CRMS1.0版本。利用CRMS系统,两名审查员互相审查对方已审查的图书,如果二次审查结果一致,甄别结果就为最终结果。如果不一致,则进入“专家仲裁”的三次审查流程。最终甄别结果输出更新HathiTrust权利数据库,经甄别已经进入公有领域的图书就可提供全文获取。2010年6月,CRMS发布了2.0版本,重点加强了界面、导航和文档功能,以及为培训和聚合其他机构审查员而设置的合并功能,旨在改进版权甄别工作的效率,在2010年9月,印第安纳大学,威斯康星大学、明尼苏达大学的审查员通过培训开展了日常甄别工作。2011年5月,CRMS发布了3.0版本,重点针对甄别HathiTrust数字图书馆中复本的版权而进行改进。到2011年11月1日,密歇根大学利用CRMS完成了11.7万种图书的版权状态甄别,其中约8.7万种(约51%)版权已经进入公有领域,因此,通过HathiTrust数字图书馆提供全文资源获取服务。①

在CRMS项目成功实践的基础上,密歇根大学及合作单位获得了IMLS拨付的新项目奖金,用于支持2011—2014年CRMS的后续运行工作,同时开始开发和部署CRMS－World系统,将版权审查扩展为国际性项目。在CRMS－World项目中,密歇根大学及合作单位将针对非美国出版作品的开发版权甄别工具,首先从英国、加拿大、澳大利亚、西班牙出版的英语图书开始。②

【案例2:国家数字图书馆版权信息管理系统】

国家数字图书馆工程在建设实施中,将版权信息管理系统作为资源建设主导项目的子项目之一,2012年基本完成开发建设,于2013年正式投入使用。该系统基于遵循WSDL、SOAP、XML等WebService相关协议规范,保证基于SOA架构下与国家数字图书馆工程整体系统其他模块的互联,使用Java语言开发,以B/S架构实现,使用Oracle数据库存储数据,运行在Webshpere Middleware应

① CRMS－US (December 2008 － November 2011)[EB/OL].[2013－04－16]. http://www.lib.umich.edu/imls－national－leadership－grant－crms.

② CRMS－WORLD (December 2011 － November 2014) [EB/OL].[2013－04－16]. http://www.lib.umich.edu/imls－national－leadership－grant－crms－world.

用服务器中。

国家数字图书馆工程版权信息管理系统的主要目标是建立国内标准的数字版权信息管理系统，实现国家数字图书馆各种类型资源的版权信息统一管理，并在国家数字图书馆分馆或联盟馆内推广实施，建立全国数字资源版权信息库，推动主馆与分馆之间的版权信息资源共享。

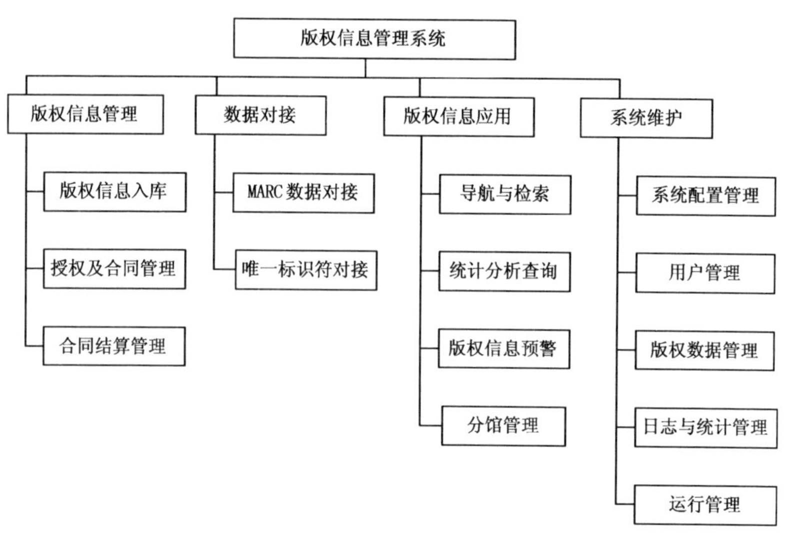

图 2　国家数字图书馆版权信息管理系统功能总框架图

（2）操作建议

数字版权问题贯穿数字图书馆建设和利用的全过程，在图书馆大力发展数字资源采集、加工、组织、保存、发布与服务等信息技术的同时，如何有效管理馆藏资源的数字版权及其授权成为图书馆必须解决的问题，建立版权信息管理系统是数字图书馆技术发展的重要内容，也是整个数字图书馆运行的法律支持和核心基础构件，在推动图书馆尊重、保护和利用版权方面具有重要意义。

1)选择适用的系统建设方式

版权信息管理系统的开发与建设是一项复杂的系统工程,一般情况下,图书馆主要通过三种方式建设版权信息管理系统:

①图书馆自主研发。图书馆组织力量自主开发版权信息管理系统,从本馆的实际需求出发,系统功能的针对性和实用性更强,但这也要求图书馆具备相应的开发能力,包括具备较好的人员与技术基础、软硬件条件和经费支持等,并对从系统需求设计、开发、测试到正式部署应用需要较长的时间周期有充足的考虑。

②复用其他图书馆的版权信息管理系统。尽管大多数图书馆对版权信息管理系统具有强烈的实践需求,但部分图书馆不具备自主开发的条件,特别是对于一些中小型图书馆而言,没有能力承担系统开发和建设所需要的人力、物力和财力投入。在信息技术标准化的背景下,通过协商和沟通,复用其他图书馆已经完成建设的版权信息管理系统是图书馆有益的选择之一,不但能够避免重复开发带来的浪费,而且可操作性也较强。

③采购商业化的版权管理系统。目前市场上存在多种信息管理解决方案,其中不乏专门的版权信息管理系统,通过采购引进商业化管理系统也是图书馆的选择之一。采用这种方式建设版权信息管理系统,要求图书馆必须加强对商业化版权管理系统的调研和分析,充分考虑满足本馆需求的情况和信息安全问题,并考虑系统的适用性改造。

2)设定版权信息管理系统的目标与定位

图书馆馆藏资源类型多样,纸质资源、数字资源等不同类型的资源管理系统可能同时并存,而多种类型馆藏之间可能存在密切的关联关系,例如,对于同一种图书,图书馆既采购了纸本图书,也采购了相应的电子图书,并分别在本馆纸本图书管理系统和数字资源管理系统中登记馆藏信息。在这种情况下,图书馆的版权信息管理可能通过两种方式实现:一是在原有的馆藏管理系统中增加版权信息管理模块,记录授权信息及使用情况;二是设计独立的应用系统，以版权信息为主线，集中管理和利用分散分布的馆藏资源。综合考虑版权信息管理的特性、图书馆现有馆藏管理的改造难度以及图书馆综合管理的需求，独立的版权信息管理系统在数字版权管理中的优势更加明显。

版权信息管理系统的主要目标是建设版权信息库，实现馆藏信息、授权信息、合同信息三位一体的登记与管理，并提供版权相关信息的查询、检索和统计服务，建立各种资源之间的版权关联关系，以及版权与馆藏资源之间的授权关系，并与数字图书馆其他业务功能及系统之间保持顺畅的数据交换关系。

3）明确版权信息管理系统的核心功能

针对不同的应用需求，版权信息管理系统的设计可能千差万别，但其核心功能基本是趋于一致的，主要包括：实现各类型资源及其授权信息与合同信息的登记和变更管理，实现版权授权预警管理和合同结算管理；建立和维护图书馆数字资源、纸质资源等多种馆藏资源版权记录的连接，表明各种资源的版权关系；提供版权信息的接收、查询、导航、检索和统计服务；建立与数字图书馆加工、组织、保存、发布服务等其他应用系统之间的调用服务接口；实现本系统的用户管理、数据管理、日志管理、负载监控等运行维护功能。

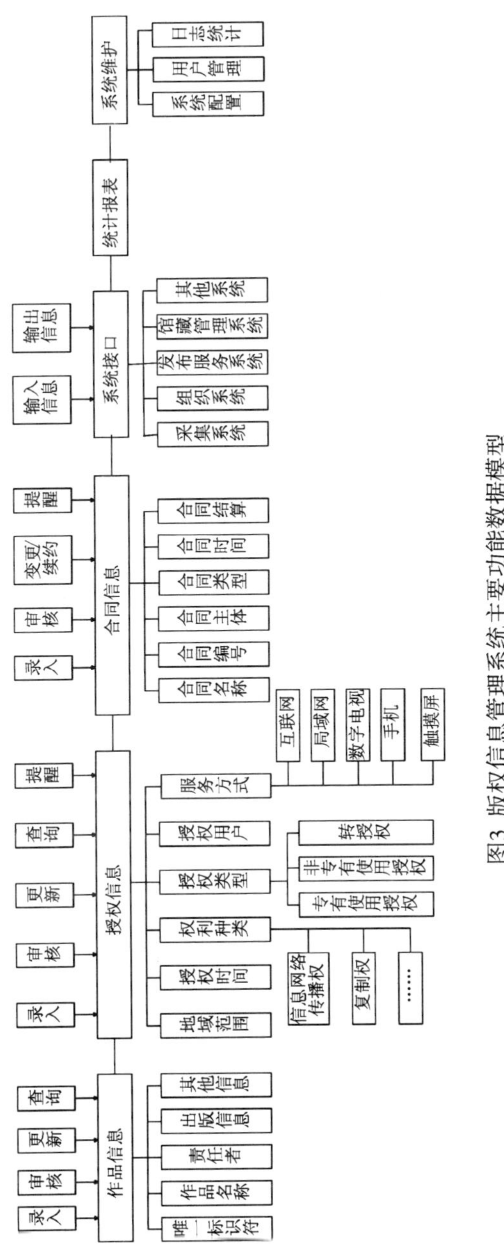

图3 版权信息管理系统主要功能数据模型

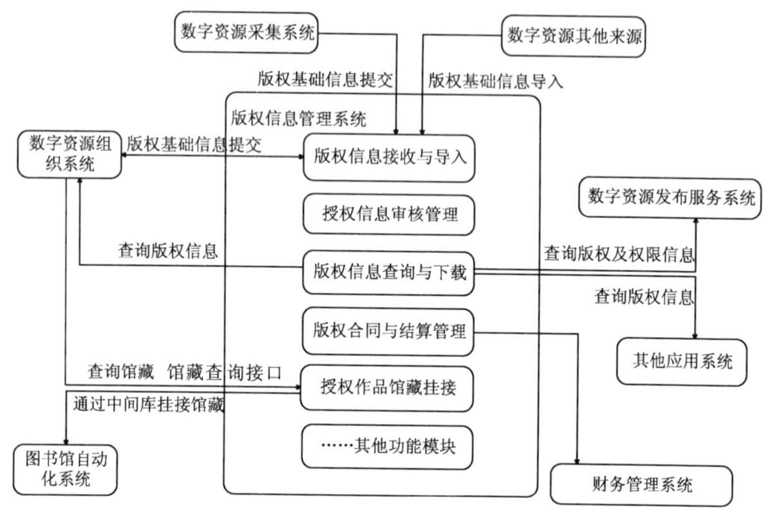

图4 版权信息管理系统与其他应用系统关系图

4.5.2 数字版权保护技术

(1)案例分析

【案例:面向实时控制的电子书数字版权保护客户端系统及方法】①

针对电子图书的数字版权保护问题,国内某大学计算机申请了一项“面向实时控制的电子书数字版权保护客户端系统及方法”发明专利,在该项发明中,其客户端系统包括:①引用监视器,用于提供许可证保护、决策及更新;②电子书阅读器,用于对数字内容进行操作;③可信系统硬件,用于为引用监视器和电子书阅读器提供安全保护。引用监视器具体包括:许可证保护模块,用于许

① 华南师范大学.面向实时控制的电子书数字版权保护客户端系统及方法:中国,102222186A[P].2011-10-19.

可证解密及许可证验证；决策模块，用于许可证授权决策及解释，授予电子书阅读器权利，以供其进行相应的操作；更新模块，用于更新影响授权决策的属性；导航控制模块，用于控制模块多线程交互运行。在该发明中，客户端系统采用 UCON ABC 模型作为决策模型，包括主体、主体属性、客体、客体属性、权利、授权、义务、条件 8 个要素，即时对用权情况进行积极审计，能够实现有效的实时控制功能。而且 UCON REL 是基于 XML 设计，使得系统具有良好的开放性和可扩展性，丰富了客户端使用控制功能。

(2)操作建议

数字信息技术的发展大大提高了资源的生产和传播效率，便捷的复制和传播方式同时加大了版权侵权的隐患。数字版权保护技术应用于数字化作品生产、传播、销售和利用的全过程，是针对权利保护的数字化管理技术工具，核心作用是通过安全和加密技术控制数字内容传播，从而在技术上防止数字内容的非法复制和使用。数字版权保护一方面是从内容提供者的角度提供有效的技术手段来保护作者和出版者的版权，使得作者和出版者的利益能够得到保证；另一方面则是要确保内容消费者接受的数字作品信息内容的完整性真实性和安全性。①

数字版权保护技术不是一种单一的技术，而是由数字证书、数据加密、数字水印、验证、权限描述等多种技术共同构成的综合技术体系。其中，数字水印(Digital Watermarking)是目前在图书馆范围内应用最为广泛的一种技术措施。

数字水印技术将标识信息直接嵌入到数字载体当中，或是通过修改特定区域结构来间接表示标识信息，并且将嵌入信息隐蔽，在不影响原载体的使用价值、不易被探知和再次修改的情况下，起到标识的作用。数字图书馆中的数字载体可能是图像、音视频、文

① 向林芳. 论 DRM 在数字图书馆中的应用[J]. 高校图书馆工作，2011(6)：85－87.

本等,标识信息即水印信息,可以是序列号、图像、文本等形式,用来识别数字内容的来源、版本、作者身份、合法使用人等重要信息。数字水印技术主要具有以下特点:

1)安全性

数字水印是以隐蔽手段嵌入的信息,难以篡改或伪造。当原数字内容发生变化时,数字水印一般随之发生变化,对重复添加信息也具有很强的抵抗性,从而可以用来检测原始数据的变更情况。

2)隐蔽性

数字水印不易直接被感知,只能通过数据压缩、过滤等方法才能检测嵌入的信息。同时,数字水印不影响被保护数据的正常使用,不会因为添加数字水印而降低原数据的质量。

3)鲁棒性

鲁棒性是指数据在经历数据剪切、重采样、滤波、信道噪声、有损压缩编码等多种信号处理过程后,数字水印仍能保持部分完整性并能被准确鉴别。如果擅自去除嵌入的标识信息,就会严重影响数字内容的质量。

4)嵌入容量大

嵌入容量是指载体在不发生形变的前提下可嵌入的水印信息量。嵌入的水印信息必须是足以表示数字内容的创建者或所有者的标志信息。数字水印可以是序列号、图像、文本等各种形式,充分描述数字内容的版权信息。

在版权标识方面,目前图书馆常见的做法是在图像、文本、视频等数字载体上直接添加标识信息,使读者能够直接感知。这种方式不但影响视觉效果,而且易于被去除或者篡改,使数据的安全性受到影响。数字水印技术是利用数据隐藏原理使版权标志不可见或不可听,既不损害数字内容,又达到了版权保护的目的。目前,用于版权保护的数字水印技术已经进入了初步实用化阶段,IBM 公司、Adobe 公司等就在其产品中提供了数字水印功能,可供图书馆作为技术实践参考。

4.5.3　数字资源访问控制技术

(1)案例分析

【案例:深圳图书馆实行馆外访问限量规定】

深圳图书馆是一家市级公共图书馆,截至2013年4月,正式采购的中外文数据库近90个。针对采购的数字资源,深圳图书馆为持证读者提供到馆访问和馆外访问两种方式。在网站提供的数字资源列表中,设计了馆外访问标识,针对带馆外访问标识的数据库,读者可通过点击馆外访问按钮在馆外免费使用、即时下载,但深圳图书馆根据本馆的采购情况,对各数据库馆外使用采取了控制措施,并在网站上公布《数字资源馆外访问限量规定》,以督促读者在控制范围内合理使用图书馆资源。目前,深圳图书馆馆外访问限量规定的主要内容,见表14。[①]

表14　深圳图书馆馆外访问限量规定

数字资源名称	同时使用人数	限量规定
CNKI	50	465篇/月或9600页/月
PROQUEST	50	50 M /天
EBSCO	50	50 M /天
万方	50	40 M /天
维普	50	15 M /天
世界美术数据库	50	50 M /天
故宫在线	50	50 M /天
北大法宝	10	20 M /天
国研网数据库	50	50 M /天
人民数据库	50	50 M /天

① 深圳图书馆.数字资源使用指南[EB/OL].[2013-04-06].http://www.szlib.gov.cn/usp/Erm_All.jsp.

(2)操作建议

数字资源访问控制是图书馆常用的数字版权保护措施之一,也是图书馆与数字资源提供商合同约定的必要内容。目前,图书馆进行访问控制的主要方式包括:数字资源发布范围控制、用户认证管理、用户访问行为规范等。

1)数字资源发布范围控制

图书馆数字资源的来源十分广泛,主要获取渠道包括采购、许可授权、自主建设、征集、捐赠、交换等,各种来源资源的版权状态与使用限制也不尽相同。这要求图书馆在提供发布服务时,必须采用“分类分层”管理,严格按照版权要求和合同约定控制资源的发布范围。

控制数字资源发布范围主要依靠数字资源管理系统和用户信息管理系统的设置,控制的依据是数字资源的版权状态,公有领域资源和图书馆自有版权资源允许的发布范围较为广泛,图书馆可根据自身需求选择发布控制;对尚在版权保护期内的资源而言,其发布范围则受到法律约束,图书馆应根据本馆获得的授权情况进行发布。因此,在图书馆与资源提供商签订授权合同时,必须明确约定发布范围。通过计算机互联网、局域网、广播电视网、固定通信网、移动通信网等方式提供数字资源服务,涉及信息网络传播权、广播权等不同种类的版权,这是图书馆在获取授权中应当重点审查的内容,围绕发布服务范围的问题,图书馆应通过明确的合同约定和有效的权利审查,避免在服务中引起版权纠纷。

2)用户认证管理

用户认证管理是进行数字资源访问控制的一种必要手段,建立结构合理、管理有效的用户认证管理系统,能够促进数字资源服务和数字版权管理得到高效、安全、有序的保障。根据不同的认证状态,图书馆用户一般可被划分为匿名用户、非实名认证用户、实名认证用户、集团用户、VIP 用户等类型。图书馆应按照分级分类的原则,结合数字资源授权情况,为不同类型的用户分配不同的访问权限。

一般而言,实名认证用户包括图书馆物理卡用户和网络实名认证用户,要求用户使用身份证、户口簿等有效身份证件以真实身份进行注册登记,有条件的图书馆可以探索与公安机关的身份证管理系统进行关联,以提高实名身份认证的准确率和认证效率。实名认证用户身份真实可靠,便于进行用户管理和服务跟踪,图书馆应当推动使实名认证用户成为本馆的主体用户,并在合理授权约定内为其提供相对广泛的访问权限。

匿名用户主要是指不需要任何身份认证信息,即可以“游客”身份进行访问活动的用户;非实名认证用户主要指通过一定的网络注册流程,但未使用真实身份信息进行注册的用户。这两类用户由于真实身份不明确,导致图书馆管理和服务追踪的难度加大,因此,图书馆应根据数字资源的版权状态,为匿名用户和非实名认证用户设置相对有限的访问权限。

集团用户和 VIP 用户是图书馆服务特殊的用户群体。集团用户包括企事业单位用户、IP 用户、分馆用户等。由于集团用户的规模可能对权利人版权的收益带来影响,特别是具备采购能力的独立法人用户,因此,一般情况下数字资源提供商在进行数字版权授权时,会针对集团用户提出专门的授权政策,图书馆在进行授权谈判、用户管理、访问范围控制等环节的工作时,对此应有全盘的考虑。如果权利人许可,图书馆可以通过建立镜像站点和专用网络的方式为集团用户提供数字资源。同样,为 VIP 用户开放超越一般用户的特殊访问权限也应当得到权利人的许可。

3)用户访问行为规范

在通过数字资源访问控制技术加强数字资源保护的活动中,图书馆不但可以通过用户认证和权限管理完成访问控制的后台操作,同时可以采取明示政策和内置提示功能,以互动的方式对用户访问行为进行规范。

图书馆在著作权法律法规和授权合同约定的框架之下,为用户提供数字资源服务，相应地，用户的利用行为也必须符合法律和合同的要求。为此，不少图书馆选择通过张贴海报、网络发布等各种方式向用户明示相关信息，使用户明确知晓其在访问图书馆数字资源过程中的权利和义务。例如，本节案例提到的深圳图书馆即在数字资源服务页面公开发布关于数字资源访问限量的规定，使用户在开始使用资源之前就能很容易地了解到图书馆的管理办法。此外，也有图书馆将相关的管理信息内置于具体的数字资源中，在用户利用的特定环节进行提示，如当用户超出访问范围、超过并发用户数、超过用户使用流量限制时，系统弹出对话框提示用户。其中，为了防止出现用户过量下载的现象，有图书馆采取限制用户在单位时间内下载资源数量的技术措施。采用这种控制方式时，规定的下载数量应当经过科学合理的测算，并且必须保证用户在开始访问之前能够了解到图书馆的相关规定，以避免引发服务矛盾。

图书馆进行用户访问行为规范的目的，是引导用户合理使用资源，尊重和保护数字资源的版权，同时，也应当采取必要的防范措施，防止用户出现不当使用行为或侵权行为，并加强用户服务制度建设，一旦发生用户不当使用或侵权行为，图书馆应视情节酌情给予警告、通报、注销用户证卡等处罚，将造成严重影响的用户通报相关机构依法管理。

5 结语

数字与网络技术的发展极大地推动了国内外数字图书馆的建设与发展,同时也使图书馆面临的著作权问题更加复杂。数字图书馆涉及数字资源建设、数字资源组织、数字资源服务等各项环节与业务,在数字资源建设与服务过程中不可避免地要遭遇著作权问题。能否妥善处理著作权问题,直接关系到数字图书馆项目的资源建设规模、服务模式、服务范围等方方面面。

数字图书馆获得信息资源的途径包括两种,一种是获得法律的授权,另一种是获得合同的授权。① 目前,国内外多个数字图书馆项目在如火如荼地开展,各个数字图书馆都在极力寻求适合于自身发展的著作权解决方案,有的已积累了许多成功的经验并形成了可被他人借鉴的模式。这些数字图书馆项目解决著作权问题的方式大多从这两个角度出发,或充分开发公有领域资源,或充分利用著作权法中的权利豁免,或与著作权集体管理组织、出版社、作者等签订授权协议,都是数字图书馆建设与发展过程中解决版权问题的有益探索与有效途径。此外,图书馆还需要采取各种措施与手段来保障数字资源版权管理工作顺利开展,例如应用版权管理技术、制定版权规章制度及设置版权管理岗位等。

本书通过对国内外数字图书馆建设与服务各环节的侵权风险、版权管理实践案例进行分析与总结,在版权侵权风险防范、版权战略规划制定与实施、利用法律法规与政策支持、获取著作权授权、应用版权管理技术及制定版权管理制度等方面提出了具体的操作建议,以期为图书馆数字资源版权管理工作的开展提供借鉴。

① 魏大威.数字图书馆理论与实务[M].北京:国家图书馆出版社,2012:328.

参考文献

[1]联合国教科文组织. 版权法导论[M]. 北京:知识产权出版社,2009.
[2]刘春田. 知识产权法(第三版)[M]. 北京:高等教育出版社,2007.
[3]吴汉东. 知识产权基本问题研究[M]. 北京:中国人民大学出版社,2005.
[4]王小会. 数字图书馆与版权保护[M]. 北京:国家图书馆出版社,2008.
[5]王景川,胡开忠. 知识产权制度现代化问题研究[M]. 北京:北京大学出版社,2010.
[6]韩成军. 著作权侵权损害赔偿研究[M]. 郑州:河南人民出版社,2011.
[7]王迁. 网络环境中的著作权保护研究[M]. 北京:法律出版社,2011.
[8]5141 课题组. 知识产权法学词典[M]. 北京:北京大学出版社,2008.
[9]李明德,许超. 著作权法[M]. 北京:法律出版社,2009.
[10]肖希明等. 公共图书馆文献资源建设法律保障研究[M]. 北京:国家图书馆出版社,2011.
[11]翟建雄. 美国图书馆复制权问题研究[M]. 北京:知识产权出版社,2010.
[12]董皓. 多元视角下的著作权法公共领域问题研究[D]. 北京:中国政法大学民商经济法学院,2008.
[13]刘玮琼. 互联网环境下的知识产权公有领域研究[D]. 广州:暨南大学,2007.
[14]谢惠加. 知识产权法公有领域范畴研究[D]. 武汉:华中科技大学,2004.
[15]赵杰. 利益平衡理论视野下的数字图书馆版权法律问题研究[J]. 农业图书情报学刊,2012(5):75 - 79.
[16]李顺德. 馆藏文献数字化与复制权保护问题[J]. 国家图书馆学刊,2004(4): 5 - 55.
[17]王清,胡洁. 图书馆版权涉讼案件诉因、涉嫌侵权行为类型与相关法律问题分析[J]. 图书与情报,2009(5): 19 - 21.
[18]亓蕾. 著作权侵权中审查注意义务的司法认定:以民法上的注意义务为基石[J]. 山东科技大学学报,2009(8): 23 - 28.
[19]胡开忠. 知识产权法中公有领域的保护[J]. 法学,2008(8):63 - 74.

[20]李华伟.民国文献数字化利用及其著作权问题:以国家图书馆馆藏为例[J].图书馆建设,2010(10):16-19.

[21]张钦坤.论著作权公共领域的建构[J].中南财经政法大学研究生学报,2008(2):134-151.

[22]曹新明.关于著作权保护期限的探讨[J].法学,1991(4):22-25.

[23]孙冲.剖析文字作品中的公有领域:由"蒲松龄作品被侵权案"引发的思考[J].科技与出版,2004(5):37-39.

[24]李杨.传统知识保护的"公共领域"困境解读[J].电子知识产权,2009(5):48-63.

[25]吕桂芬,刘小平.公有领域作品专有保护权刍议[J].甘肃政法学院学报,1992(3):50-53.

[26]丁培卫.新时期中国图书版权代理现状及对策研究[J].山东社会科学,2011(4):39-43.

[27]刘绿茵.基于知识网络的虚拟参考咨询[J].图书情报工作,2004(1):23-26.

[28]谢春林.英、美、澳、挪网络信息保存政策的经验与借鉴[J].信息资料工作,2009(6):40-44.

[29]赵俊玲.澳大利亚网络信息保存项目PANDORA及其启示[J].信息系统,2004(5):552-554.

[30]刘震,张文德.WBS_RBS在网络信息采集著作权风险识别研究中的应用[J].图书情报知识,2011(6):86-92.

[31]秦珂.信息导航服务引发的典型版权案例的思考[J].情报资料工作,2009(6):69-72.

[32]国家图书馆文津图书奖[EB/OL].[2013-03-29].http://wenjin.nlc.gov.cn/2011/first.jsp.

[33]数字版权征集[EB/OL].[2013-03-30].http://www.nlc.gov.cn/dsb_zx/dsb_szbqzj/.

[34]联合国.世界人权宣言.1948[EB/OL].[2012-12-10].http://www.un.org/chinese/hr/issue/udhr.htm.

[35]中华人民共和国著作权法(2010年修订)[EB/OL].[2013-03-31].http://www.gov.cn/flfg/2010-02/26/content_1544458.htm.

[36]中华人民共和国著作权法实施条例(2013修订)[EB/OL].[2013-03-

30]. http://www. gov. cn/flfg/2013 -02/08/content_2332396. htm.

[37]中华人民共和国信息网络传播保护条例(2006)[EB/OL].[2013 -03 -30]. http://www. ncac. gov. cn/chinacopyright/contents/479/17540. html.

[38]Gallica: référencement de livres numériques soumis au droit d' auteur s[EB/OL]. [2013 - 03 - 30]. http://www. bnf. fr/fr/collections _ et _ services/bibliotheques _ numeriques _ gallica/a. gallica _ experimentation _ offre _ numerique. html.

附录:我国图书馆与版权相关法律法规、制度文件及加入的国际知识产权条约目录

宪法

《中华人民共和国宪法》(2004 修正)

法律

《中华人民共和国民法通则》(2009 修改)
《中华人民共和国刑法》(2011 修正)
《中华人民共和国著作权法》(2010 修正)
《中华人民共和国合同法》(1999)
《中华人民共和国非物质文化遗产法》(2011)
《中华人民共和国残疾人保障法》(2008 修订)
《中华人民共和国未成年人保护法》(2012 修正)
《中华人民共和国档案法》(1996 修正)
《中华人民共和国教育法》(2009 修正)
《中华人民共和国侵权责任法》(2009)
《中华人民共和国涉外民事关系法律适用法》(2010)

行政法规

《中华人民共和国著作权法实施条例》(2013 修订)
《信息网络传播权保护条例》(2013 修订)
《计算机软件保护条例》(2013 修订)
《著作权集体管理条例》(2011 修改)
《出版管理条例》(2011 修订)

《音像制品管理条例》(2011 修订)
《公共文化体育设施条例》(2003)
《中华人民共和国档案法实施办法》(1999 修订)
《中华人民共和国政府信息公开条例》(2007)
《互联网上网服务营业场所管理条例》(2011 修改)
《娱乐场所管理条例》(2006)
《中华人民共和国知识产权海关保护条例》(2010 修订)
《无障碍环境建设条例》(2012)
《实施国际著作权条约的规定》(国务院令第 105 号 1992 年 9 月 25 日发布)
《中华人民共和国学位条例暂行实施办法》(国发[1981]89 号)
《国务院办公厅关于进一步加强古籍保护工作的意见》(国办发[2007]6 号)
《国务院关于大力推进信息化发展和切实保障信息安全的若干意见》(国发[2012]23 号)
国务院关于落实《政府工作报告》重点工作部门分工的意见(国发[2012]13 号)

部门规章

《文化部办公厅关于加强公共图书馆电子阅览室管理的通知》(办社图发[2001]28 号)
《文化部关于高度重视农民工文化生活,切实保障农民工文化权益的通知》(文市发[2004]51 号)
《国家版权局 文化部 教育部 全国“扫黄打非”工作小组办公室关于加强图书馆著作权保护工作的通知》(国版联[2009]1 号)
《文化部关于进一步加强少年儿童图书馆建设工作的意见》(文社文发[2010]42 号)
《文化部关于进一步加强古籍保护工作的通知》(文社文发[2011]12 号)

《文化部、财政部关于进一步加强公共数字文化建设的指导意见》（文社文发[2011]54 号）

《新闻出版总署关于加强音像制品和电子出版物样本缴送工作的通知》（新出音[2007]71 号）

《音像制品进口管理办法》（中华人民共和国新闻出版总署、中华人民共和国海关总署令第 53 号）

《互联网出版管理暂行规定》（中华人民共和国新闻出版总署、中国信息产业部令第 17 号）

《期刊出版管理规定》（中华人民共和国新闻出版总署令第 31 号）

《报纸出版管理规定》（中华人民共和国新闻出版总署令第 32 号）

《电子出版物出版管理规定》（中华人民共和国新闻出版总署令第 34 号）

《图书出版管理规定》（中华人民共和国新闻出版总署令第 36 号）

《出版物市场管理规定》（中华人民共和国新闻出版总署、中华人民共和国商务部令第 52 号）

《国家版权局关于对出版和复制境外电子出版物和计算机软件进行著作权授权合同登记和认证的通知》（国权[1996]28 号）

《著作权行政处罚实施办法》（中华人民共和国国家版权局令第 6 号）

《互联网著作权行政保护办法》（中华人民共和国国家版权局、中华人民共和国信息产业部令 2005 年第 5 号）

《出版文字作品报酬规定》（国权[1999]8 号）

《国有公益性收藏单位进口藏品免税暂行规定》（中华人民共和国财政部、中华人民共和国海关总署、国家税务总局公告 2009 年第 2 号）

《国家版权局关于复制发行境外录音制品向著作权人付酬有关问题的通知》（国权[2000]38 号）

司法解释

《最高人民法院关于审理著作权民事纠纷案件适用法律若干问题

的解释》(自 2002 年 10 月 15 日起施行)

《最高人民法院、最高人民检察院关于办理侵犯知识产权刑事案件具体应用法律若干问题的解释》(自 2004 年 12 月 22 日起施行)

《最高人民法院、最高人民检察院关于办理侵犯知识产权刑事案件具体应用法律若干问题的解释(二)》(自 2007 年 4 月 5 日起施行)

《最高人民法院、最高人民检察院、公安部关于办理侵犯知识产权刑事案件适用法律若干问题的意见》(法发[2011]3 号)

《最高人民法院关于审理侵害信息网络传播权民事纠纷案件适用法律若干问题的规定》(自 2013 年 1 月 1 日起施行)

行业守则

《中国图书馆员职业道德准则》(试行)(2002 年 11 月 15 日中国图书馆学会六届四次理事会通过)

《关于网络环境下著作权问题的声明》(2005 年经中国图书馆学会七届一次理事会审议通过)

《中国图书馆学会·图书馆服务宣言》(2008 年 10 月 28 日中国图书馆学会正式发布)

《数字图书馆资源建设和服务中的知识产权保护政策指南》(2010 年 5 月 27 日全国数字图书馆建设和服务联席会议发布)

战略规划

《2006—2020 年国家信息化发展战略》(2006)

《国家知识产权战略纲要》(2008)

《国家知识产权事业“十二五”规划》(2011)

《文化部“十二五”时期文化改革发展规划》(2012)

《中华人民共和国国民经济和社会发展第十二个五年规划纲要》(2012)

《国家“十二五”时期文化改革发展规划纲要》(2012)

《国家基本公共服务体系“十二五”规划》(2012)

国际公约

《建立世界知识产权组织公约》,简称《WIPO 公约》,1980 年 6 月 3 日中国成为该公约成员国

《保护工业产权巴黎公约》,简称《巴黎公约》,1985 年 3 月 19 日中国成为该公约成员国

《保护集成电路知识产权的华盛顿公约》,简称《华盛顿公约》,1989 年中国成为该公约成员国

《保护文学和艺术作品伯尔尼公约》,简称《伯尔尼公约》,1992 年 10 月 15 日中国成为该公约成员国

《保护表演者、录音制品制作者和广播组织国际公约》,简称《罗马公约》,1993 年 4 月 30 日中国成为该公约成员国

《保护唱片制作者禁止未经许可复制其录音制品公约》,简称《日内瓦公约》或《录音制品公约》,中国于 1993 年 4 月 30 日成为该公约成员国

《世界知识产权组织版权条约》,简称 WCT,2006 年 12 月 29 日中国成为该公约成员国

《世界知识产权组织表演和录音制品条约》,简称 WPPT,2006 年 12 月 29 日中国成为该公约成员国

《国际保护植物新品种公约》,简称《UPOV 公约》,1999 年 4 月 23 日中国成为该公约成员国

《世界版权公约》,简称 UCC,1992 年 10 月 30 日中国成为该公约成员国

《与贸易有关的知识产权协定》,简称《TRIPS 协议》,2001 年 12 月 11 日中国成为该公约成员国

《视听表演北京条约》,2012 年 6 月 26 日中国成为该条约成员国